Basteln
im Religionsunterricht

Ein Praxisbuch für die Grundschule

Herausgegeben von Gebhard Neumüller
Erarbeitet von Karin Bierhals und Gisela Hulayil

Kösel

Quellennachweis

8: Leporello, gemalt von Sigrid Busch-Kirch, Neustadt/W., aus: Religionspädagogische Hefte 1/1989, hg. von der Evangelischen Kirche in der Pfalz, Speyer, S. 30-38. – **12/18/24:** Stabpuppe; Hirten; Lydia, gezeichnet von Robert Berrang, St. Ingbert. – **18:** Gestaltet in Anlehnung an: Vieles ist anders. Lehrerhandbuch. Kaufmann/Diesterweg, Lahr/Frankfurt 1980, S. 23. – **27:** Modell eines Hauses, gestaltet in Anlehnung an ZUM BEISPIEL, Zeitschrift für die Praxis des christlichen Unterrichts in Schule und Kirche 1/83, S. 26. – **30:** Nachgezeichnet nach: Renate König/Wolfgang Voges, Wir bauen eine Arche. Vier praktische Vorschläge für Kinder-Bibel-Wochen. Bernward Verlag, Hildesheim 1992, S. 20-21. – **34:** Tino sucht den lieben Gott. Aus: Lene Mayer-Skumanz, Tinogeschichten. Verlag Herder, Wien 1991. – **58/59:** Tütenfiguren, gestaltet von Sigrid Busch- Kirch, Neustadt/W. – **68:** Bergedorfer Kopiervorlagen 49, Bildgeschichten zum NT von Heiner Müller. Illustration von Gudrun Schecker. Sigrid Persen Verlag, Horneburg/Niederelbe [3]1989. – **71:** Bild von Mila Grosch: Abendmahl unter dem Strohdach. Aus: Die Bauern von Solentiname malen das Evangelium. Burckhardthaus-Laetare/Jugenddienstverlag, Gelnhausen, Berlin/Wuppertal 1982, S. 53. – **78f.:** Stoffapplikation, gestaltet nach einem Bild von Gisela Harupa, in: RU praktisch 1-4 Folien, Arbeitshilfen für die Grundschule, hg. von H. Freudenberg. Vandenhoeck & Ruprecht, Göttingen 1992, Folie 4/7. – **80:** Anleitung zur Meditation, nach: Margrit Spichtig-Nann, Modelle, Arbeitsheft für Schüler, Nr. 102. Walter-Verlag, Olten 1976, S. 7-10. – **85:** Gestaltet in Anlehnung an: W. Longardt, Ostern entdecken. Christophorus/Kaufmann, Freiburg/Lahr 1977. – **90:** Giraffe, gestaltet in Anlehnung an Sigrid Busch-Kirch, Neustadt/W., in: Religionspädagogische Hefte 1/87, hg. von der Evangelischen Kirche der Pfalz, Speyer, S. 19. – **94:** Vogelbild, gestaltet nach dem Bilderbuch von Omari Amonde/Kobna Anan, Das Lied der bunten Vögel. Fischer-Verlag, Münsingen-Bern 1989. – **101:** Kai-to, der Elefant, der sang. © Gina Ruck-Pauquèt, Bad Tölz. – **104:** Lesezeichen- Kalender 1993. Verlag Herder, Freiburg/Br. 1993.

Den Urheberrechtsträgern und Verlagen sei für die freundlich erteilten Abdrucksgenehmigungen vielmals gedankt.

ISBN 3-466-36401-9

© 1994 by Kösel-Verlag GmbH & Co., München.
Printed in Germany. Alle Rechte – mit Ausnahme des Fotokopierrechts für alle grafischen Elemente, die als Kopiervorlage angelegt sind – vorbehalten.
Gesamtherstellung: Kösel, Kempten
Umschlagentwurf: Elisabeth Petersen, Glonn

Religion in der Grundschule gestalten

Ein einseitig vertexteter und verkopfter Religionsunterricht hat heute keine Chance mehr. Gestalterische Arbeitsformen sind unumgänglich, die *ganzheitliches Lernen* intendieren; denn »Kopf- und Handarbeit des Schülers stehen im Unterrichtsprozeß in dynamischer Wechselwirkung zueinander« (Hilbert Meyer, Unterrichtsmethoden, Band II, Frankfurt/M. [2]1989, S. 439). Diesem erfahrungsorientierten Ansatz sucht dieses Werkstattbuch nachzukommen, indem es sinnlich-ganzheitliches Lernen unmittelbar durch gestalterische Arbeitsformen in einer breiten Palette einübt.

Gestalterische Arbeitsformen bringen Abwechlung in den Religionsunterricht. Sie kommen dem Gestaltungsbedürfnis vieler Kinder entgegen, geben Anlaß zum Gespräch bei gleichzeitiger intensiver Arbeit an einem Thema. Bastelarbeiten sind dabei oft nur ein kleiner Ausschnitt eines breiteren Repertoires.

Praktisch-herstellende Arbeitsformen können einen text- und kopflastigen Unterricht korrigieren (vgl. H. Halbfas, Das Dritte Auge, Düsseldorf 1982, S. 187f.) und auch symboldidaktische Versuche von hohem ästhetischen Anspruch konkretisieren, wenn das Symbol in die Realität zurückversetzt wird.

Der ›anfassende‹ Umgang mit den Materialien fördert nicht nur manuelle Fähigkeiten, sondern regt auch die kindliche Phantasie an, fordert zu selbstverantwortlichem und zugleich spielerischem Handeln auf, zu Eigeninitiative und Interaktion. Vermieden werden Techniken, welche nur die Zeit vertreiben, die Lehrperson zum Bastler machen, der sich bloß an den Möglichkeiten der Materialien und dem, was sie hergeben, orientiert und dem die Perspektiven und Zusammenhänge für den Religionsunterricht verlorengehen. In diesem Buch werden Techniken bevorzugt, die im organisatorischen Aufwand begrenzt und grundschulmethodisch begründet bleiben.

Das Buch setzt in fünf Lernbereichen *38 klassische Themen* des evangelischen und katholischen Religionsunterrichts mit 52 Techniken handlungsorientiert um und erweitert dabei soziale, emotionale, kreative und motorische Fähigkeiten; es verschafft kognitiv schwächeren Kindern Ausgleich und Erfolgserlebnisse, ohne begabtere Kinder zu unterfordern.

Geschichten von Josef, Jakob, Abraham, Mose und Jesus verbinden sich mit den Lebensgeschichten der Kinder, regen ihr Denken und ihre Phantasie an und helfen ihnen zu wachsen, wenn selbstgebastelte Stabpuppen beispielsweise sie zum Sprechen bringen. *(Biblischer Lernbereich)*

Dem Verlangen der Kinder, eine Beziehung zum Kosmos zu entwickeln, wird entsprochen, wenn es gelingt, in Fensterbildern etwas vom Göttlichen transparent werden zu lassen oder die Welt als Garten auszugestalten, in dem sie sich selbst als Gärtner erkennen lernen. *(Theologischer Lernbereich)*

Der Sehnsucht der Kinder nach Wahrheit, Freiheit, Frieden kommt ein Unterricht entgegen, der auf der Basis gelebter Religion ökumenisch ausgerichtet ist – im Dialog mit den monotheistischen Religionen. Ihr wird entsprochen, wenn die Kinder selbst Kirchen, Synagogen und Moscheen bauen dürfen. *(Ekklesiologischer und dialogischer Lernbereich)*

Wenn Kinder von Gewalt und Langeweile abgelenkt werden sollen, muß der *Lernbereich Feste und Feiern* aufgewertet werden. Sie müssen mit nach Hause tragen und darüber erzählen dürfen, was sie dazu gestaltet haben: Leporellos und Schachtelkinos, Festkarten und Weihnachtsdias…

Wenn Kinder über ihre Sehnsüchte, Hoffnungen, Ängste und Konflikte sprechen, kommen sie zurück auf biblische Gestalten, Gebete, Symbole, Feste und Feiern, die in ihrem Inneren ein Zuhause (gefunden) haben. Ihre ethischen Vorstellungen und Willenskräfte entwickeln sie u.a. auch an großen Gestalten der Vergangenheit und der Gegenwart, die sie in ihr Hungertuch aufnehmen. Ihre Träume und Wünsche, Hoffnungen und Traurigkeiten hängen sie als Mobile an die Decke. Es ›bewegt‹ ihr Leben…

Gebhard Neumüller

Intentionen

- Die Kinder erleben den Konflikt zwischen Josef und seinen Brüdern vom Ausbruch bis zur Versöhnung mit (Genesis 37 - 50).
- Sie sehen, wie in Josefs Leben Höhen und Tiefen wechseln, er aber das Vertrauen in Gott nicht verliert.

Um diese Ziele zu erreichen, bietet sich - begleitend zum Unterricht - ein Leporello an, das den Ereignissen folgt. Die einzelnen Schritte gehen nicht vorüber oder verloren, sondern werden zusammengeheftet und intendieren in der Gesamtausrichtung auf Genesis 50,20: "Ihr habt Böses gegen mich im Sinn gehabt, Gott aber hatte Gutes im Sinn, um zu erreichen, was heute geschieht: Viel Volk hält er am Leben."

Ein Vorzug des Leporellos ist auch, daß zu Hause in der Familie inhaltlich darüber gesprochen werden kann und daß das Erfolgserlebnis des Kindes über das selbstgefertigte Leporello verstärkt wird. Erzählhilfe: W. Laubi, Geschichten zur Bibel, Bd. 3. Benziger/Kaufmann, Zürich/Lahr 1985, Seite 90 ff.

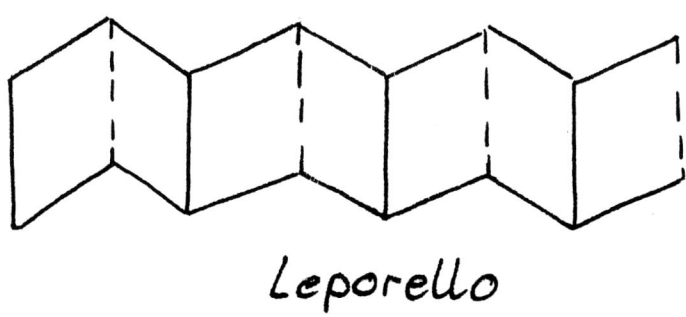

Leporello

Materialien

- Kopiervorlage
- Tonpapierstreifen (88 x 11 cm)

Bastelanleitung

Die Kinder kleben in das vorgefalzte, achtseitige Leporello die Brückenbögen ein. Sie malen die Symbole aus. Die ausgeschnittenen Bilder kleben sie sukzessive in das Leporello ein.

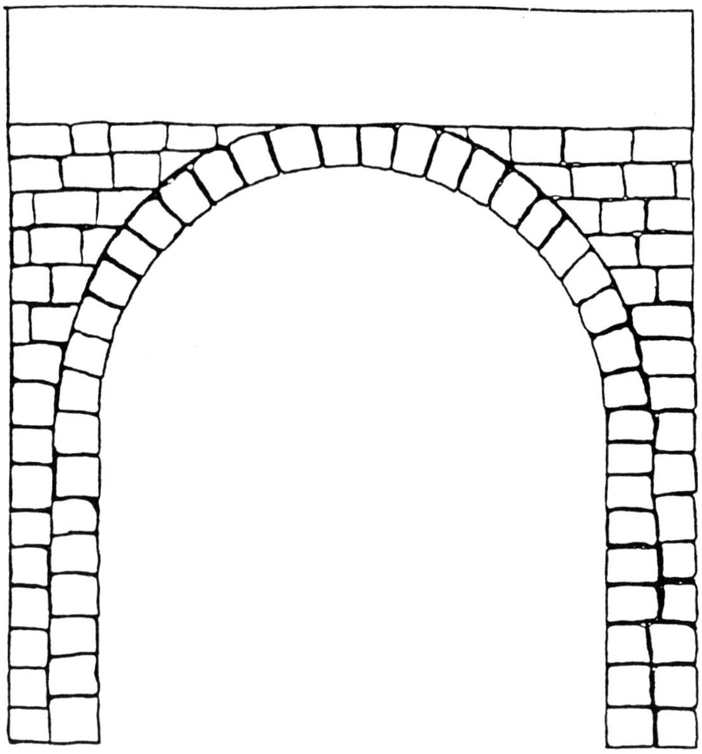

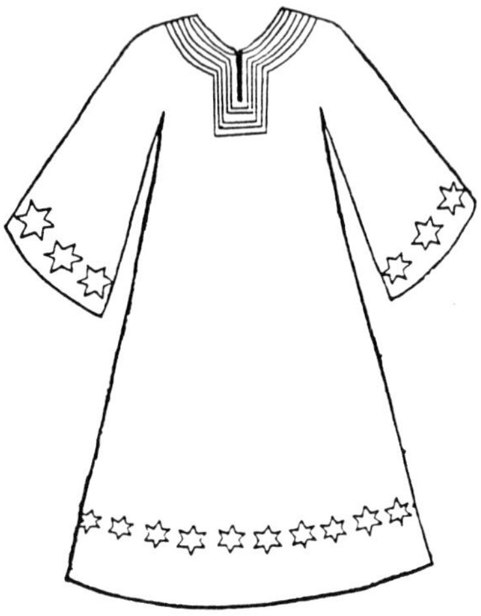

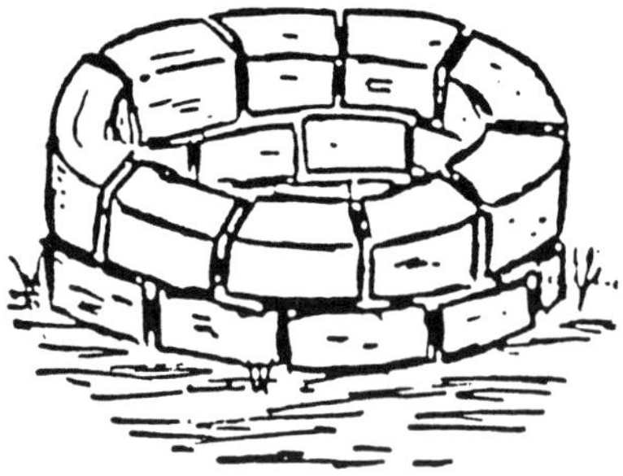

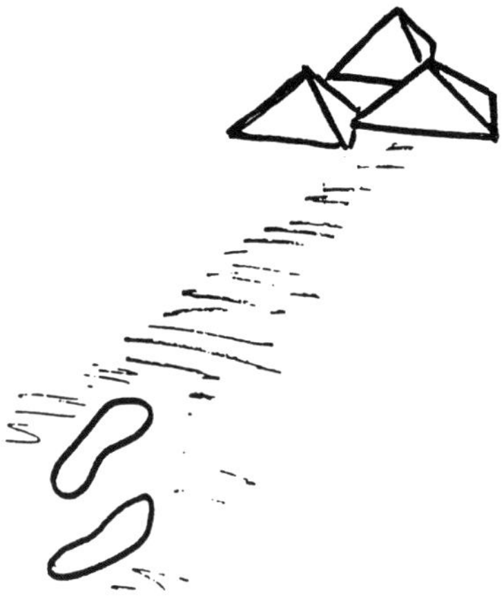

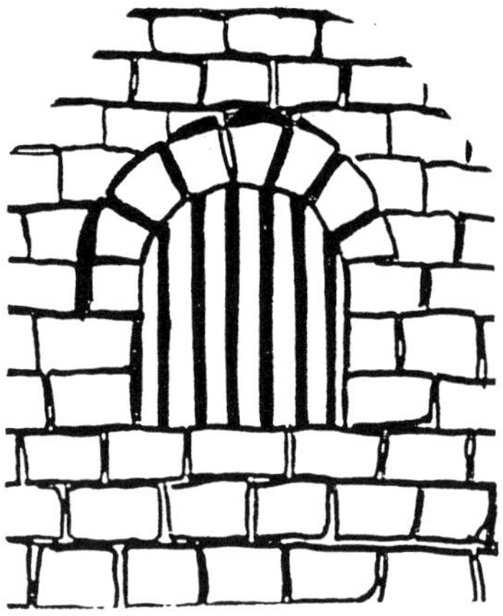

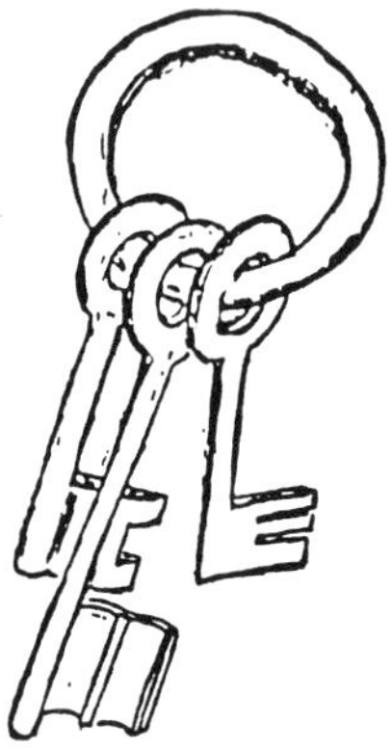

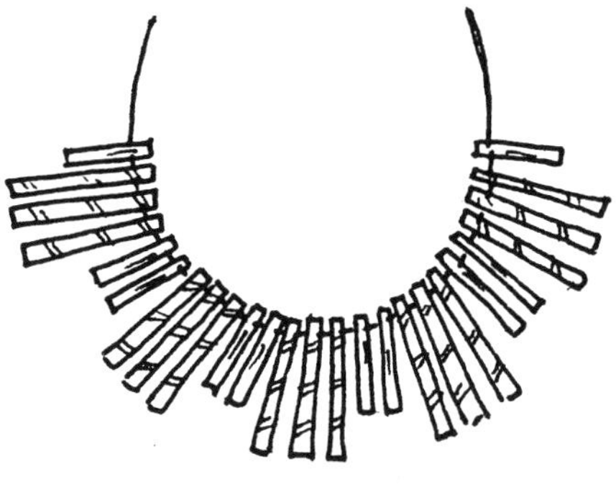

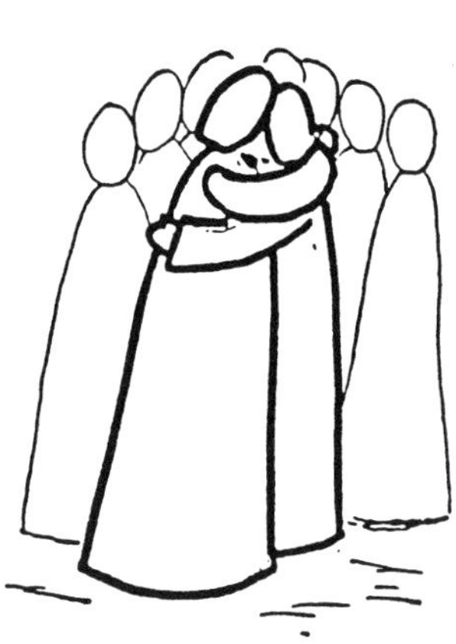

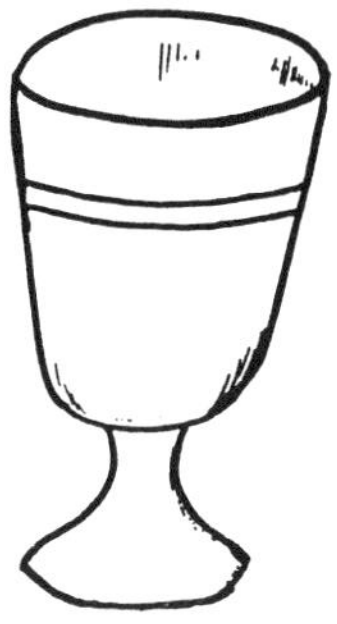

Alternativ oder zusätzlich zum Leporello kann ein **Wandfries** entstehen. Die einzelnen Elemente nehmen dann DIN A 3-Format an.

Als erstes Zeichen des Aufstiegs Josefs und des erkennbaren Eingreifens Gottes, aber auch zur Vorbereitung eines Rollenspiels kann zusätzlich **Josefs Kette** als Papierstäbchen-Collier gebastelt werden.

Materialien
- 55 unbedruckte selbstklebende Adreßetiketten (36 x 75 mm)
- Faden
- Nadel

Bastelanleitung
Die Kinder verzieren die Etiketten an den Rändern.Sie rollen 33 Etiketten schräg (diagonal) und 22 Klebeschilder in Querrichtung. Nun fädeln die Kinder ihre Stäbchen in folgender Anordnung auf: 3 lange, 2 kurze, 3 lange,...

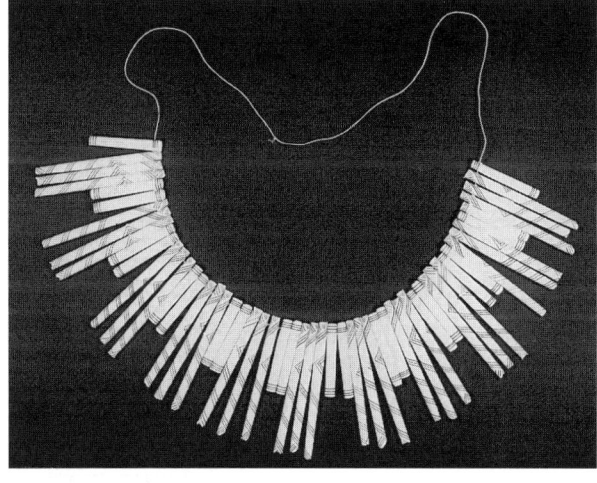

Bastelanleitung
Die Kinder marmorieren die Knetmasse und formen daraus Kugeln und Rollen (bis zu 1 cm Durchmesser). Mit dem Zahnstocher durchbohren sie die angefertigten Stücke.
Diese werden im Backofen bei 130° C ca. 15 Minuten lang gehärtet. Abschließend fädeln die Kinder ihre Werkstücke auf.

Alternative: Fimoarbeit in Knettechnik

Materialien
- Fimoknetmasse in verschiedenen Farbtönen
- Faden
- Zahnstocher

Rebekka (Gen 24 - 27)

Die Stabpuppe lädt zum Rückblick auf Gen 24 ein. Da Rebekka als Stabpuppe beweglich geworden ist, dient sie zugleich als Sprechanlaß, um die Geschichte ihres Sohnes Jakob bis zu ihrem Tod, nachdem Jakob sie und seine Heimat verlassen hat, zu erzählen bzw. aus ihrer Perspektive nachzuerzählen.

In Rebekka begegnen wir einem Menschen, der sich von Gott auf den Weg rufen läßt: aus dem geborgenen Leben ins Ungewisse, im glaubenden Aufbruch zu einem neuen Leben, durch Wüsten und Nächte, durch Auf und Ab, Reinheit und Schuld, Liebe und Enttäuschung. In ihr erfahren wir uns selbst, wandern und wandeln, immer wieder neu ausziehend auf die abenteuerliche Reise des Herzens zu Gott. Rebekka zeigt uns, wie wir gehen sollen: Das Herz sollte sich dabei bewegen, das horchende, wachende, verlangende, glaubende Herz. Aber ebenso das Herz, welches mutig vertraut, daß auch seine Schuld in Gott geborgen ist (Szene des Segensaustausches). Das ist die Art Weg, auf die Gott den Menschen ruft und sich unterwegs ihm gegenüber handelnd erweist und offenbart. Immer vorausgesetzt, der Mensch will sich von Gott treffen lassen! Rebekka spricht das Ja ihres vertrauenden Glaubens und ist damit in die Dynamik des Heilshandelns Gottes hineingerissen. Sie wird aktive Partnerin Gottes bei seinen Plänen mit Jakob, ihrem Sohn, dem späteren Namensträger Israels. Für Rebekka verschlungen und dunkel wird dieser Weg beschrieben, aber für Gott ist es ein gerader Weg, weil sie ihn in Treue und Wachsamkeit immer wieder gesucht hat (Bartos-Höppner/Agethen, Gestalten der Bibel, Deutsche Bibelgesellschaft, Stuttgart 1991, 31).

Intentionen
- Die Kinder verfolgen gebannt die unglaubliche Geschichte, die erzählt, wie Rebekka und Jakob Isaak und Esau überlisten.
- Sie verstehen den Wunsch Isaaks, den ältesten Sohn zu segnen.
- Sie empören sich darüber, wie sich Rebekka einmischt und gegen Isaak Ränke schmiedet.
- Es ist schwer für sie zu begreifen, daß Gott gerade Rebekka und ausgerechnet Jakob braucht, um sein Pläne durchzusetzen, und sie haben zahlreiche Fragen an Rebekka.

Materialien
- Kopiervorlage "Rebekka",
- Fotokarton (DIN A 4)
- Holzstäbchen oder Spatel
- Buntstifte
- Klebestift

Bastelanleitung
Die Kinder gestalten die Kopiervorlage farbig aus. Sie kleben ihre Rebekka auf Fotokarton, schneiden sie aus und hinterkleben ihre Stabpuppe mit dem Holzspatel.

Rebekka reitet zu Isaak

- Wüstenlandschaft/Oasen - Silhouette einer (arabischen) Stadt - Kamele

Die Collage greift jene Szene auf (Gen 25), die Rebekka und Isaak zusammentreffen läßt. Die Kinder sollen ihre Fertigkeiten anwenden, um Rebekkas imponierende Schönheit (Gen 24) in ihrem Umfeld hervortreten zu lassen.

Wenn die Lehrperson nicht ängstlich ist und nicht weiter beachtet, daß in der Väterzeit Kamele noch nicht domestiziert waren, kann die Collage dazu dienen, die ganze Väterzeit umfassende Lebensumstände der Halbnomaden zu gestalten.

Materialien

- Tonpapier (DIN A 4) in vier verschiedenen Gelbtönen zur Ausgestaltung der Wüstenland-
  schaft, braunes und grünes Tonpapier zur Herstellung von Palmen
- Zeichenpapier zur Darstellung der Stadt, der Kamele und Rebekkas
- Holz- und Filzstifte, Klebstift, Schere

Bastelanleitung

Die Kinder schneiden die gelben Tonpapiere in Wellenlinien aus und ordnen sie so auf dem weißen Untergrund, daß die hellsten Farbtöne oben, die dunkelsten unten zu liegen kommen.

Auf weißem Papier entwerfen sie die Silhouette einer arabischen Stadt (analog der Skizze), schneiden die Stadt aus und schieben sie zwischen die Sanddünen. Ist die Anordnung zufriedenstellend, kleben die Kinder sie mit dem Klebstift fest.

Anschließend zeichnen sie mit Hilfe der Schablonen die Kamele mit Rebekka als Reiterin, malen die Skizzen an und schneiden sie aus. Die Kinder schneiden die gestrichelte Linie von Rebekkas Rock auf, dann kann sie auf ihr Reittier gesetzt werden.

Zusammen mit den Palmen wird die Szene auf dem Wüstenhintergrund angeordnet und aufgeklebt.

Jakob und Esau versöhnen sich

Das Bild nimmt jene Szene auf, die Rebekka nicht mehr erlebt: Jakob kehrt zurück und versöhnt sich mit Esau (Genesis 33).

Intention

Die Kinder hören vom Zusammentreffen der (feindlichen) Brüder. Sie gestalten eine Versöhnungsszene. Sie spüren dabei, daß ein Sich Öffnen, Sich-Auftrennen-Lassen Voraussetzung für Aussöhnung ist.

Materialien

- Fotokarton,
- Klebestift,
- Farbstifte

Bastelanleitung

Die Kinder malen die Brüder aus. Erst wenn der ausgeschnittene Esau entlang der gestrichelten Linie aufgetrennt wird, kann er seinen Bruder Jakob in die Arme schließen. Die Versöhnungsszene wird zum Aufstellbild, wenn die Kinder auf der Rückseite einen Standstreifen befestigen.

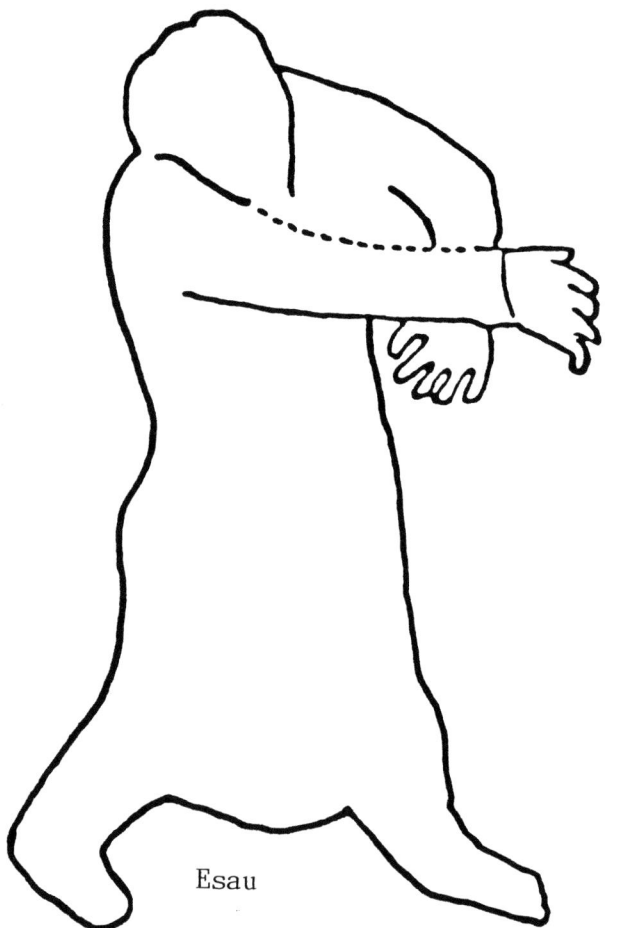

Esau

Jakob

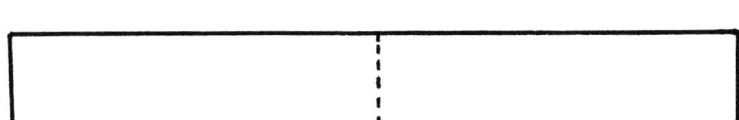

Abrahams und Lots Hirten streiten sich (Genesis 13)

Alle vier Teilaspekte der Abrahamgeschichte bieten sich für gestalterisches Arbeiten an: die Lebensweise Abrahams, die Berufung, Abraham und Lot, die Verheißung und Geburt des Sohnes Isaak.

Die beiden ausgeführten Vorschläge konzentrieren sich auf das besonders problem- und schülerorientierte Thema "Abraham und Lot" (Streit und Vertragen) und das theologische Zentralmotiv des Segens.

Die gewählte Falttechnik läßt das bedrohliche, unversöhnliche Aufeinanderlosgehen besonders hervortreten.

Die Einsicht, daß Verzicht auf Durchsetzung eigener Vorteile weitsichtig sein kann, wird durch die (nicht zu schnelle) Umgestaltung der Konfliktszene in ein Miteinander angebahnt: Menschen und Tiere bleiben - trotz nötiger Trennungen - sich verabschiedend einander zugewandt. Erzählhilfe: W. Laubi, Geschichten zur Bibel, Bd. 3, S. 21 ff.

Materialien
- Kopiervorlage
- Holz- oder Filzstifte
- Schere

Bastelanleitung
Die Kinder schneiden die vorgegebene Kopiervorlage (1 oder 2) aus. Ellenbogen und Fuß bilden jeweils die Bruchkante, die beide Figuren miteinander verbindet.

Durch unterschiedliches Ausgestalten steigern die Kinder die gegensätzliche Wirkung.

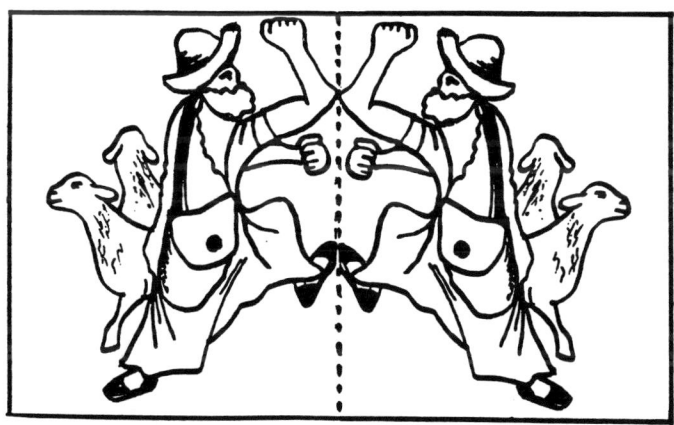

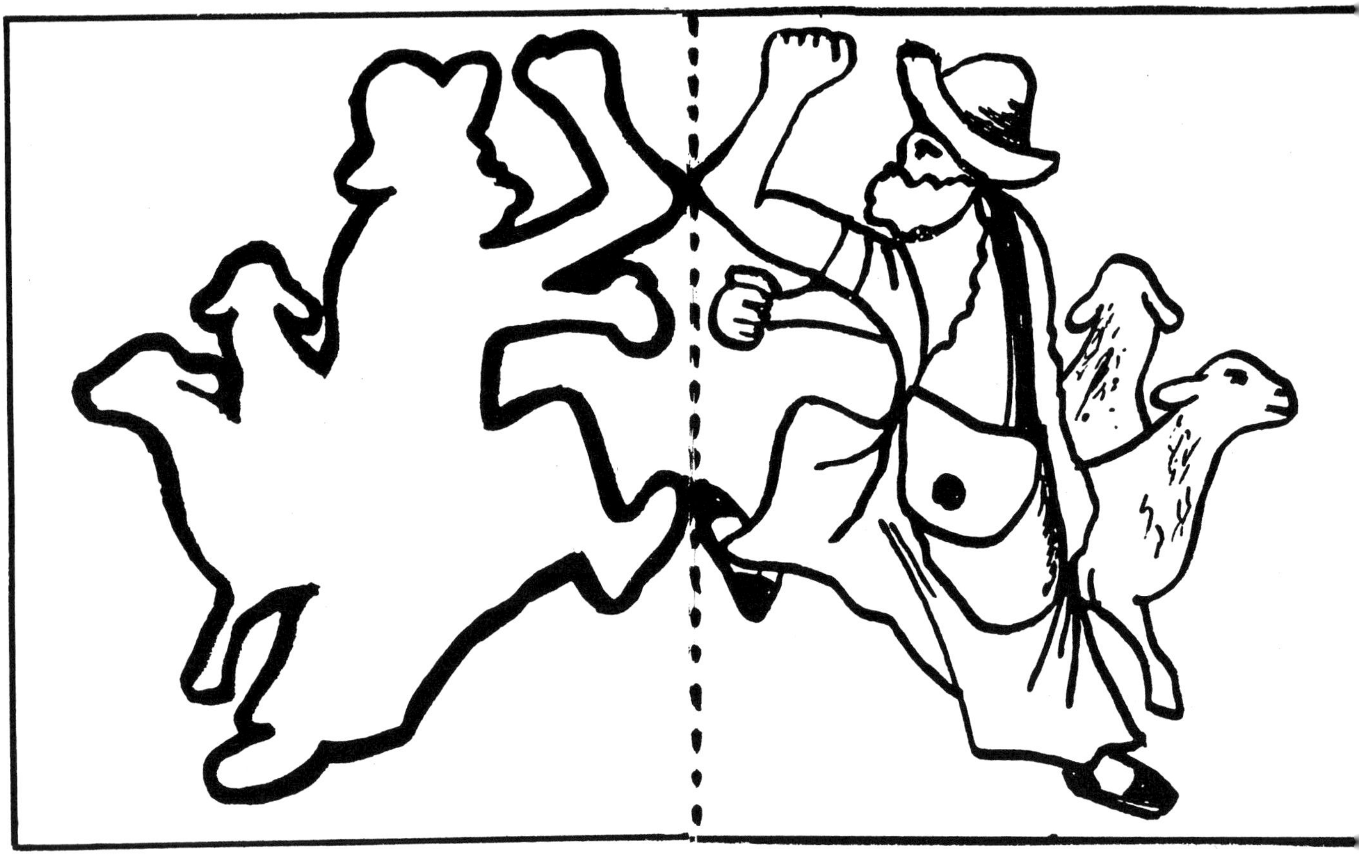

Segensrosette

Die Segensrosette öffnet sich auf Wasser schnell zum Positiven, könnte reines Wunschdenken unterstützen und leicht zum spielerischen Experiment werden. Es bleibt aber zu hoffen, daß die Kinder auf dem Hintergrund des Segensverständnisses der Abrahamserzählungen "seriöse" Segenswünsche in der Rosette eintragen und mit ihr aufgehen lassen wie: »Ich wünsche dir eine gute Freundin.«

Materialien
- saugfähiges Geschenkpapier (Umweltpapier)
- Kohlepapier
- Schere

Bastelanleitung
Die Kinder übertragen die Scheibe mit Hilfe von Kohlepapier auf die unbedruckte Rückseite des Geschenkpapiers. In deren Zentrum schreiben sie ihren Segenswunsch. Nun schneiden sie die gestrichelten Linien der ausgeschnittenen Scheibe ein und knicken die Laschen um. Sie setzen die Arbeit vorsichtig in ein Gefäß mit Wasser und beobachten das Sich-Öffnen der Rosette.

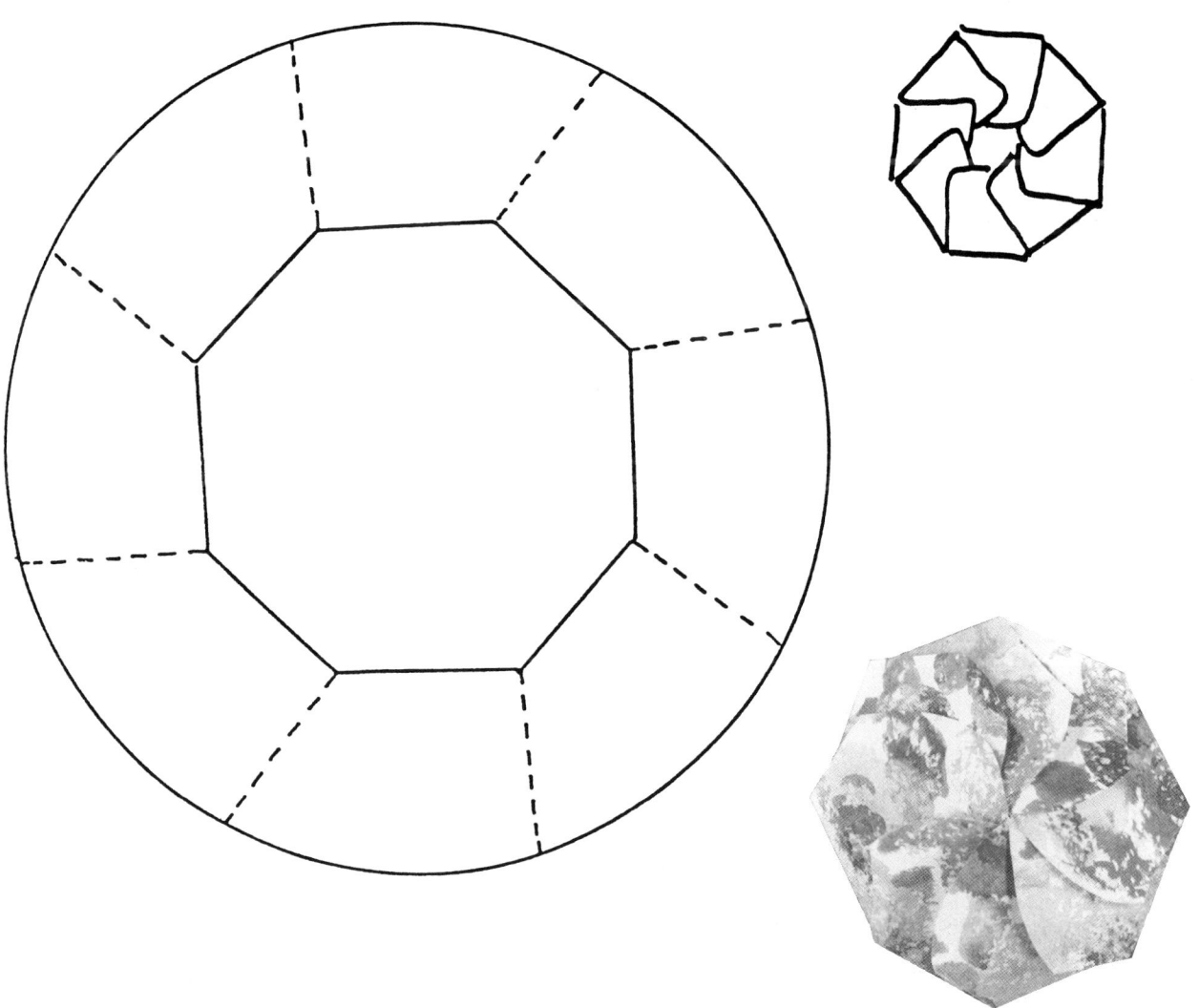

Abraham empfängt Gottes Segen

Erst auf dem Hintergrund der Berufung, die Abraham zunächst und über weite Strecken zur Aufgabe aller Wünsche führt: Familie, Land, Sicherheit, Bindungen... gewinnen alle positiven Facetten des **Würfels** ihre Ernsthaftigkeit und ihren Realitätsbezug.
Daß Gottes Zusage Erfüllung findet und Vertrauen verdient - und daß die Erkenntnis über Jahrzehnte in der Regel reifen muß - darf den Kindern durchaus noch verborgen bzw. noch Wunschdenken bleiben, das sie selbst auf sich und andere in der Klasse übertragen.

Intentionen
- Die Kinder merken, daß Gottes Verheißung an Abraham zunächst merkwürdig klingt und die Aufgabe an Sicherheiten und Bindungen bedeutet.
- Am Beispiel Abrahams und Saras sehen sie, daß der Glaube an Gottes Verheißung durch Zweifel gefährdet werden kann und kein Würfelspiel ist.
- An der Geburt Isaaks und Abrahams Lebensschicksal sehen sie, wie Gottes Zusage Erfüllung findet und Vertrauen verdient.

Materialien
- Kopiervorlage
- Tonpapier
- Klebstifte
- Goldstift

Bastelanleitung
Die Kinder können den Segenswürfel sowohl aus Tonpapier als auch mit einfachem Kopierpapier erstellen. Auf farbiges Kopierpapier übertragen, steigt allerdings die Wirkung.
Falls sich die Kindergruppe auf die vorgegebenen Segenswünsche einigt, werden diese mit Goldstiften nachgefahren und somit in ihrer Bedeutung verstärkt.
Andernfalls nimmt die Lehrperson die Blankovorlage und läßt die Kinder nach eigenen Ideen beschriften. Die gestrichelten Linien werden nun vorgefalzt und zum Würfel zusammengeklebt.
Die Segenswünsche können auch den Morgenkreis einleiten.

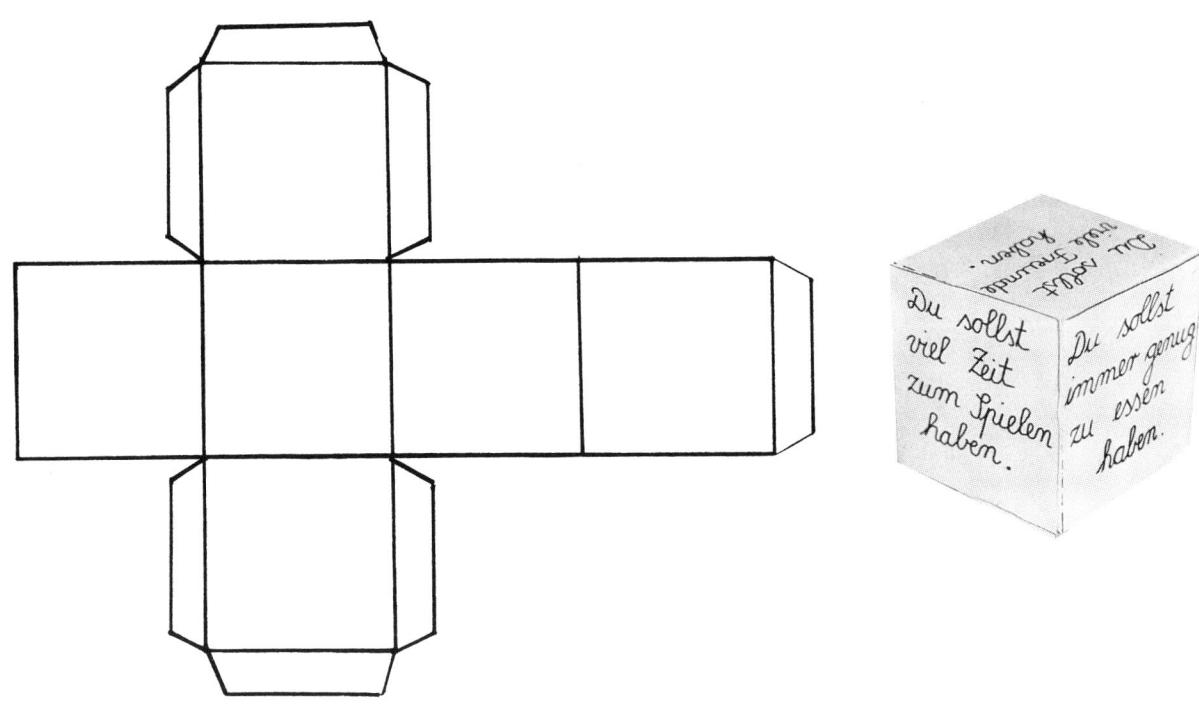

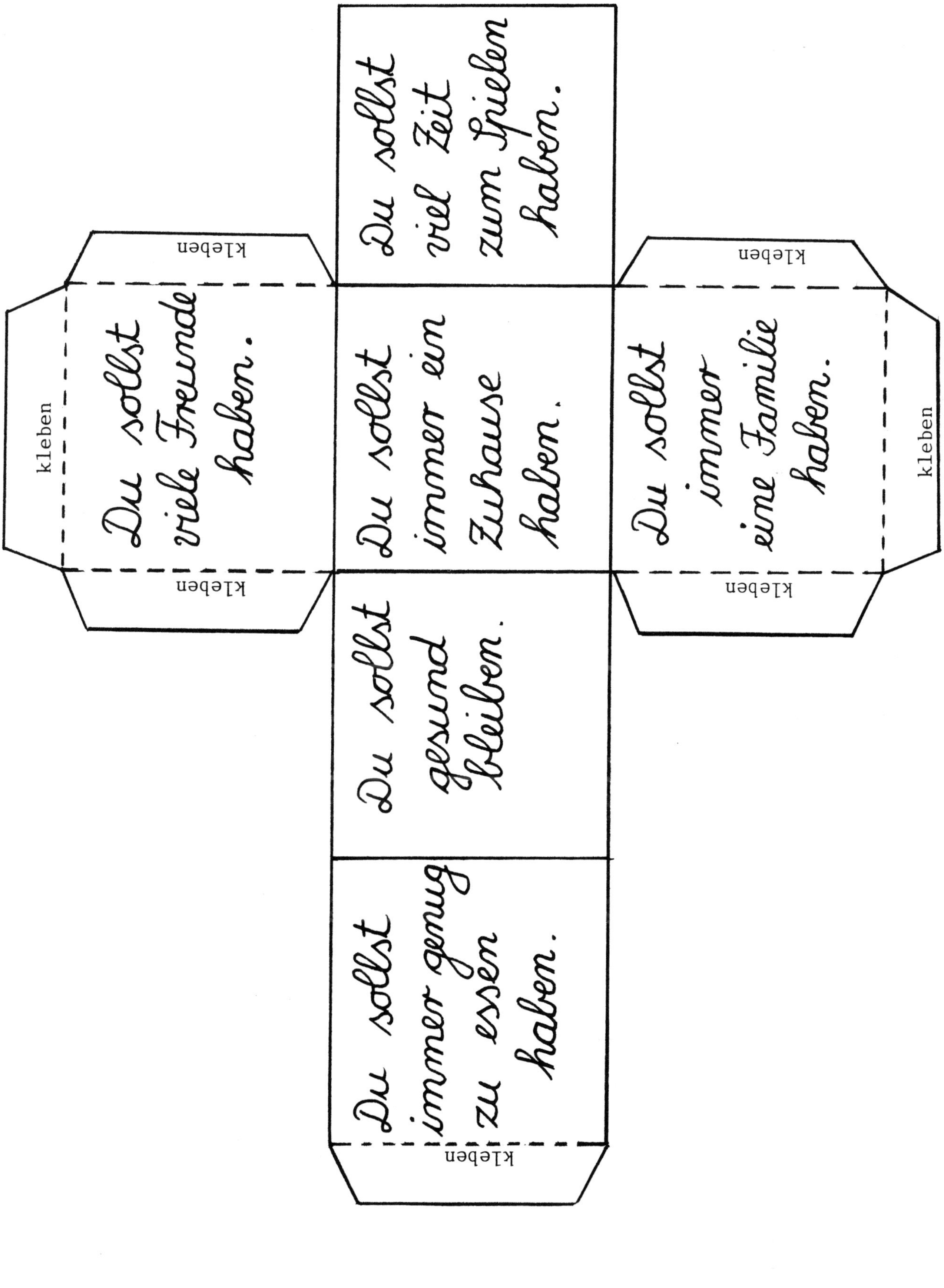

Du sollst viel Zeit zum Spielen haben.

Du sollst viele Freunde haben.

kleben

kleben

Du sollst immer ein Zuhause haben.

Du sollst immer eine Familie haben.

kleben

kleben

kleben

Du sollst gesund bleiben.

Du sollst immer genug zu essen haben.

kleben

Die Zehn Gebote (Exodus 20, 1 - 17; Deuteronomium 5,1 - 21)

Das Zehn-Gebote-Mobile erleichtert das Einprägen der Gebote als Spielregeln für das Leben der Juden und Christen. Ein Mobile hilft, die Worte des Bundes in uns zu drehen und zu wenden (Psalm 1,2).

Intentionen
- Die Kinder prägen sich vereinfachte und aktualisierte Formulierungen der Zehn Gebote ein.
- Sie entwickeln eigene Regeln für ihr Zusammenleben.
- Sie erkennen die Notwendigkeit und den sinnvollen Zusammenhang der Gebote und Spielregeln für das Zusammenleben augenfällig daran, daß das Mobile - in heftige Bewegung versetzt - sich ins Chaotische verwickelt.

Materialien
- 2 Dreiecke aus Fotokarton (Höhe ca. 15 cm, Breite ca. 30 cm)
- 2 blaue Kreise (Durchmesser 10 cm)
- 8 rote Kreise (Durchmesser 10 cm)
- Bindfäden
- Zeitschriften bzw. Kataloge
- Lochzange

Bastelanleitung
Eines der beiden Dreiecke wird von der Spitze her 7 cm eingeschnitten, das andere 8 cm von der Basis aus gesehen. Beide Dreiecke werden ineinander gesteckt und bilden dadurch das "göttliche Dach". Dieses wird folgendermaßen beschriftet: **Ich bin der Herr, dein Gott.**
Mit einer Lochzange können jetzt die Aufhänger für die Gebotsschilder eingestanzt werden (je sechs und vier).
Die Kinder wählen aus Zeitschriften und anderem Bildmaterial passende Fotos aus und kleben diese auf die blauen Gebotskreise und auf die roten Verbotskreise. Der Text des jeweiligen Gebotes wird auf der Rückseite notiert.
Mit Bindfäden werden die Zeichen an dem Mobile befestigt. Die Kinder erkennen, daß beim Fehlen eines Gebotes sofort ein Ungleichgewicht entsteht.

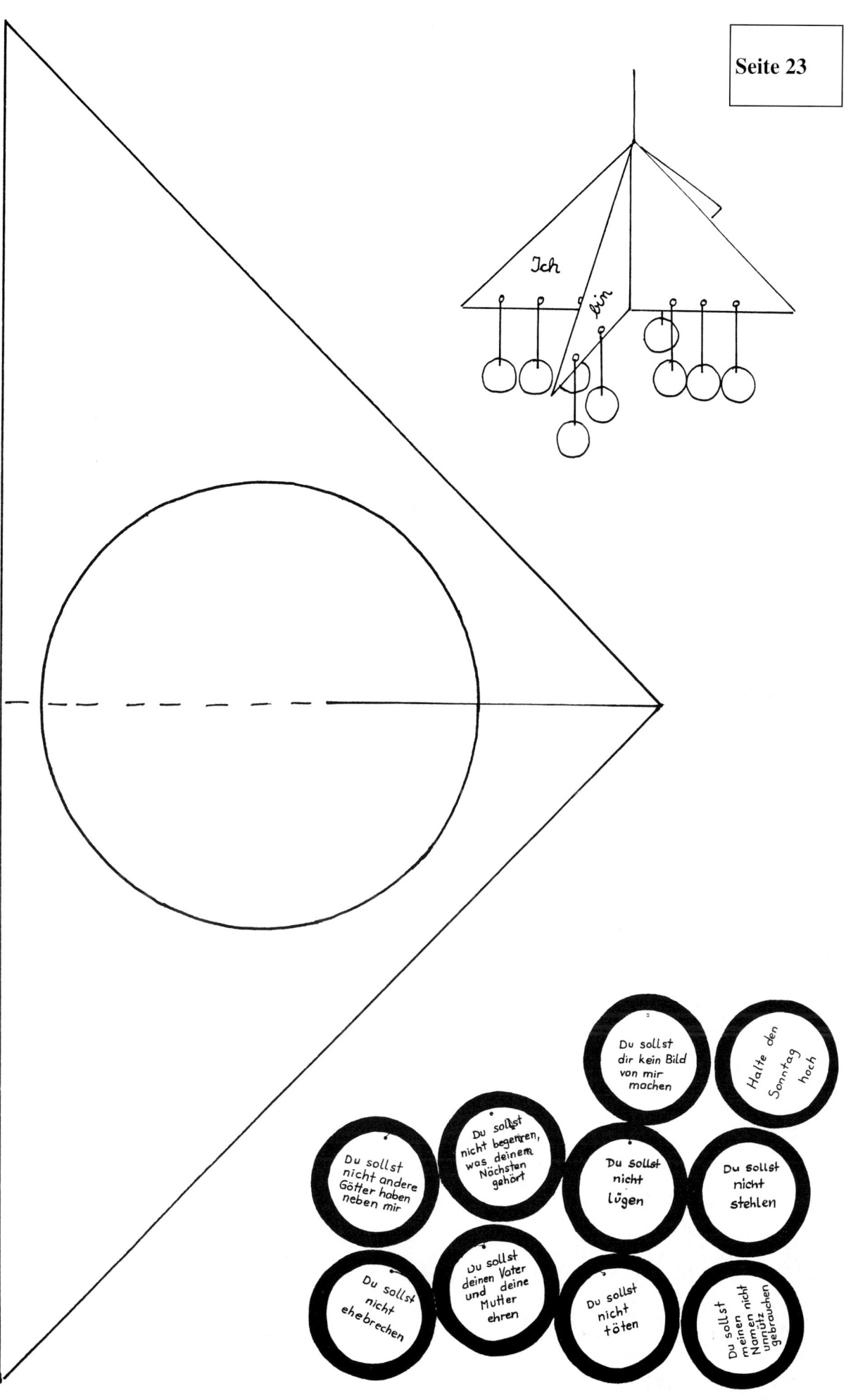

Ich bin

Du sollst
dir kein Bild
von mir
machen

Halte den
Sonntag
hoch

Du sollst
nicht andere
Götter haben
neben mir

Du sollst
nicht begehren,
was deinem
Nächsten
gehört

Du sollst
nicht
lügen

Du sollst
nicht
stehlen

Du sollst
nicht
ehebrechen

Du sollst
deinen Vater
und deine
Mutter
ehren

Du sollst
nicht
töten

Du sollst
meinen
Namen nicht
unnütz
gebrauchen

Lydia und Jesus

Lydia lebt in Israel. Für alles ist sie noch zu klein... Aber zu Jesus darf sie mit. Sie schämt sich ein bißchen. Aber sie setzt sich vor ihm ins Gras. Sie will genau hören, was er sagt. Sie will Jesus genau anschauen... (vgl. R. Schindler, Die Geschichte der Lydia, in: Alles ist neu, Lehrerhandbuch, Frankfurt/Lahr 1978, S. 76f).
Lydia kann durch alle Jesus-Einheiten die Kinder begleiten. Sie kennt Jesusgeschichten und weiß, wie Jesus aussieht und was er vorhat. Sie erzählt gerne und wandert im Stuhlkreis herum.

Materialien
- Kopiervorlage "Lydia"
- Fotokarton (DIN A 4)
- Holzstäbchen oder Spatel
- Buntstifte
- Klebestift

Bastelanleitung
Die Kinder gestalten die Kopiervorlage farbig aus. Sie kleben ihre Lydia auf Fotokarton, schneiden sie aus und hinterkleben ihre Stabpuppe mit einem Holzspatel.

Für drei Bastelarbeiten bietet der Sandkasten den ansprechenden Rahmen zur Ausgestaltung:
- **Das Dorf/die Stadt Jesu, Modell eines Hauses und Palmen für die Stadt (Kapernaum)**

Intentionen
- Die Kinder erstellen in Auswahl den Lebensraum der Menschen zur Zeit Jesu.
- Sie versetzen sich in die häusliche Umgebung Jesu.
- Sie unterscheiden verschiedene Landschaften (Gebirge, See, Ackerland) und gestalten Menschen (Hirten, Bauern, Fischer) und Requisiten (Schafe, Boote, Pflug).
- Sie beschreiben die Lage Palästinas; sie ordnen die wichtigsten geografischen Begriffe zu; sie gewinnen eine Vorstellung von den Größenverhältnissen in Palästina.
- Sie gewinnen Voraussetzungen zum Verständnis der politischen und religiösen Verhältnisse.

Materialien
- Kopiervorlagen
- Scheren
- Kleber
- Filzstifte

Bastelanleitung
Die Kinder bemalen ein palästinensisches Haus in Brauntönen. Sie schneiden es aus und knicken die gestrichelten Linien nach innen. Die Falze werden mit Kleber bestrichen, das Kastenhaus zusammengeklebt. Die Häuser der Kindergruppe werden als Dorf im Sandkasten aufgestellt. Eine Synagoge (Möckmühler Bastelbogen Nr. 50) ergänzt das Dorfbild.

Der See wird mit Hilfe eines Spiegels oder durch Alufolie angedeutet. Falt-Segel-Fischerboote schwimmen darauf. Die Netze der Fischer (Apfelsinennetze) liegen noch am Strand. Am Gebirgsrand wächst ein Palmenhain. Dort spielt Lydia (als Aufstellpuppe).

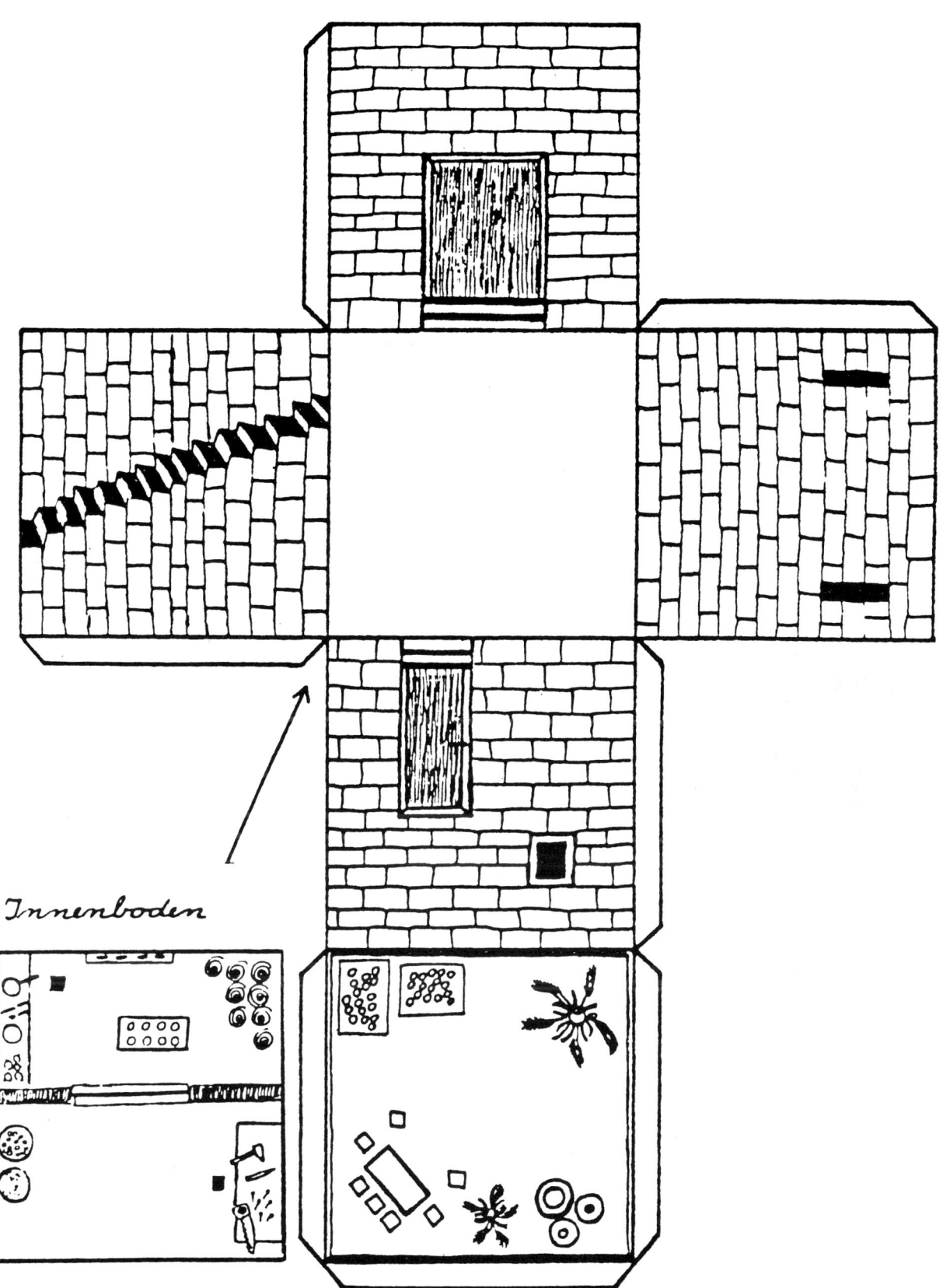

Innenboden

Palmen für Kapernaum

Materialien
- Zeitungspapier
- Wasserfarben oder Filzstifte
- Schere
- Kleber

Bastelanleitung
Die Kinder färben eine Seite der Tageszeitung braun und grün ein. Nach Vorschrift der Schablone schneiden sie ein passendes Stück aus und schneiden entlang den gestrichelten Linien bis zur durchgezogenen Linie. Mit Hilfe eines Bleistiftes rollen sie das mittlerweile trockene Werkstück von der langen Seite aus auf. Das braune Endstück wird verklebt.

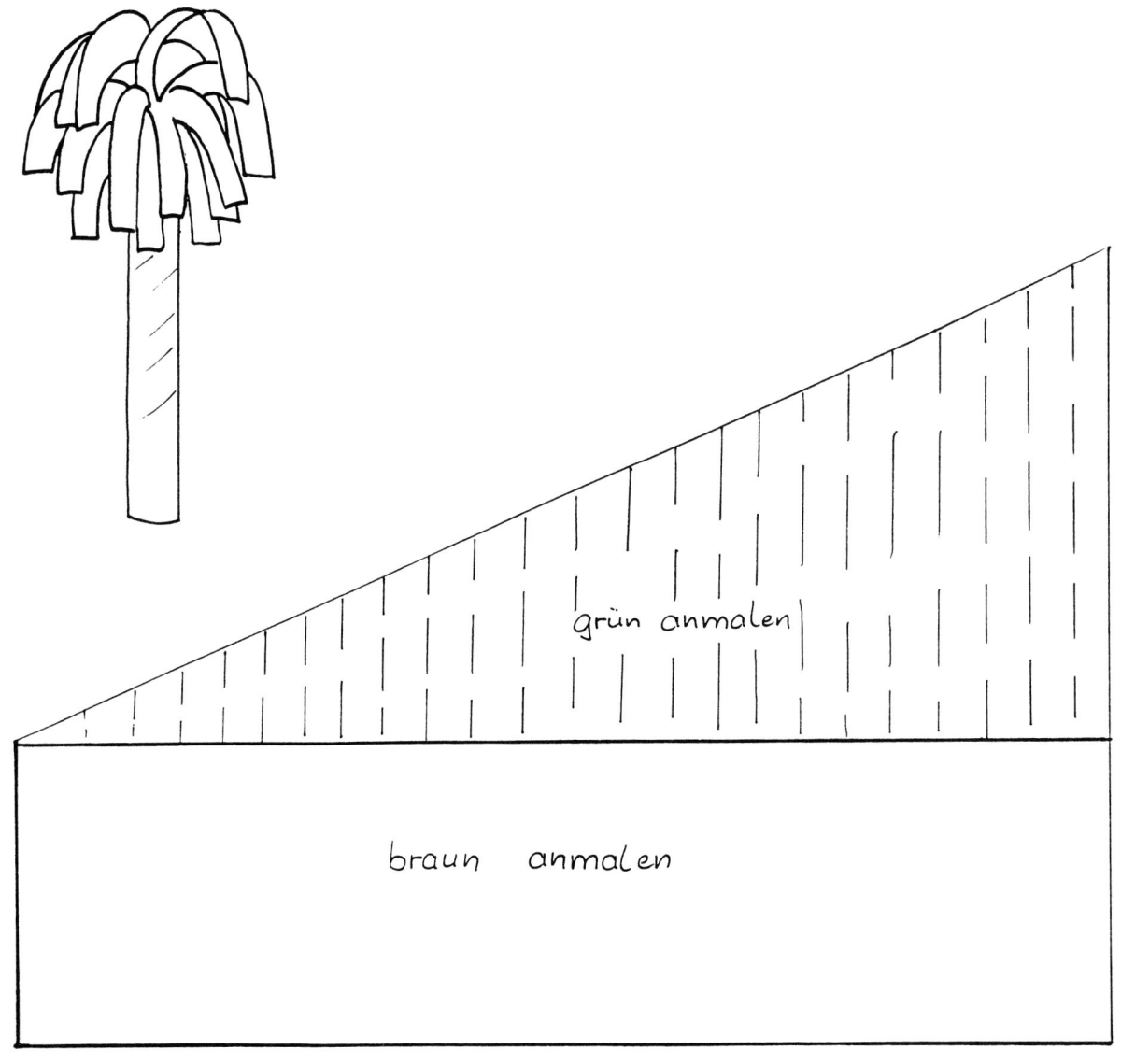

grün anmalen

braun anmalen

Der verlorene Sohn (Lk 15,11 - 32)

Obwohl der Gleichnisbeginn mit dem Anfang vieler Märchen übereinstimmt, zeigt der Fortgang der Handlung deutliche Unterschiede: Märchen schildern in der Regel, wie der Märchenheld in bedrohliche Abenteuer verwickelt wird, wie er aber letzten Endes alle Gefahren siegreich besteht. Märchen wollen dazu ermutigen, Schritte aus der Geborgenheit heraus zu wagen. Sie wollen den Hörer dazu bringen, der eigenen Kraft die Bewältigung aller Schwierigkeiten und Gefahren zuzutrauen. Im Gleichnis erwächst dem jüngeren Sohn die entscheidende Hilfe nicht aus eigener Initiative, sie begegnet ihm vielmehr ganz unerwartet in der überwältigenden Liebe seines Vaters. In der Rückkehr zu ihm erlebt er, wie diese Liebe ihn geradezu trägt, als er mit all seiner Kraft und Anstrengung am Ende ist.

Der Protest des älteren Sohnes sollte auf keinen Fall wegfallen. Es ist für das Verständnis der Parabel mit entscheidend, daß die Kinder sich auch in seine Situation versetzen. Der Vater bittet seinen älteren Sohn, nicht Gerechtigkeit zum Maßstab zu machen, sondern dem Handeln aus Liebe den Vorzug zu geben.

Intentionen

- Die Kinder erkennen im Suchen nach den richtigen Puzzleteilen, wie Gott dem Sohn entgegenkommt.
- Sie gestalten das Gleichnis (und dann auch andere Gleichnisse Jesu) als Puzzle nach und aus.
- Sie erkennen in der Gleichniserzählung und ihrer eigenen Ausgestaltung, wie elementar Jesus von Gott redet.

Materialien

- Kopiervorlage
- Fotokarton
- Schere
- Kleber
- Farbstifte

Bastelanleitung

Die Lehrperson erzählt das Gleichnis bis zu der Stelle, wo der Sohn das Vaterhaus verläßt. Das entsprechende Puzzleteil wird von den Kindern erklärt. Durch Suchen des folgenden Teilstückes erkennen die Kinder den Fortgang der Geschichte und erzählen sie aus eigener Sicht.

Im Anschluß daran stellen die Kinder je ein eigenes Puzzle her. Dazu kann entweder die Kopiervorlage oder eine Blanko-Form davon eingesetzt werden.

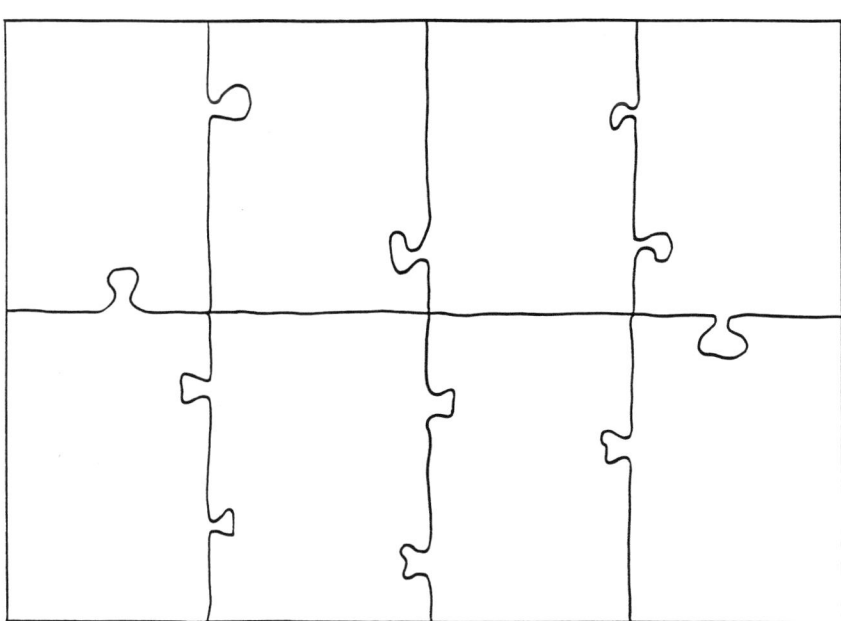

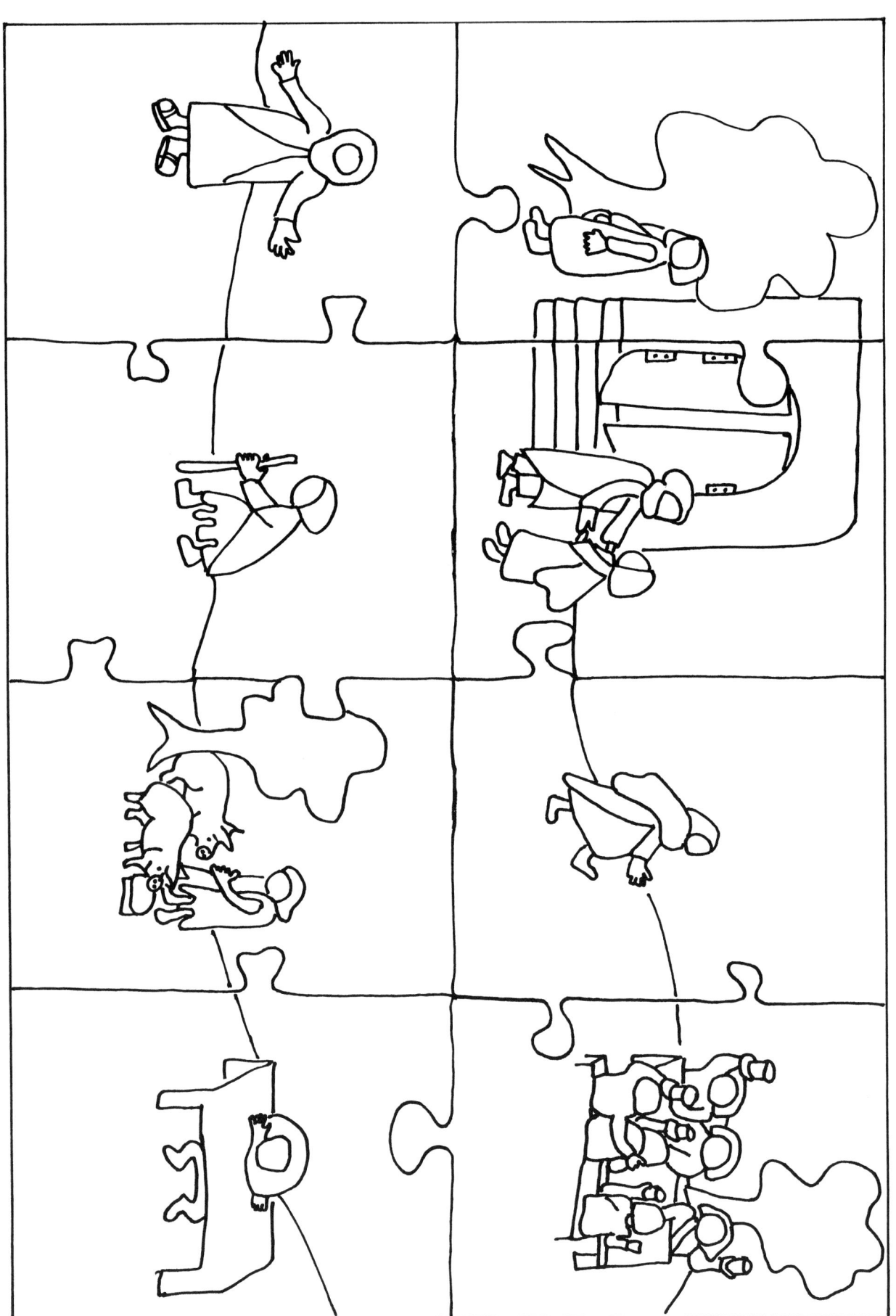

Paulus schreibt Briefe

Der Apostel Paulus gründet Gemeinden im Römischen Reich. Er schreibt Briefe an sie, um ihren Glauben zu stärken und sich selbst zu verteidigen. Der kleinste, aber spannendste Brief ist der Philemonbrief: Der entlaufene Sklave Onesimus bittet Paulus um Befreiung, und Paulus schreibt einen Brief an den Sklavenbesitzer Philemon, den die Kinder selbst nachschreiben oder entwerfen und für den Versand zurechtmachen können.

Intentionen

- Die Kinder ermessen an dem Paulus-Brief, den sie selbst entwerfen, die Bedeutung des Apostels für die Ausbreitung des christlichen Glaubens.
- Sie erkennen die Auswirkung der christlichen Botschaft auf das Zusammenleben am Beispiel der Sklaverei.
- Die Kinder führen zu Hause vor, wie in der Antike ein Brief geschrieben und versandt wurde.

Materialien

- 2 Rundhölzer
- Papierstreifen
- Kleber
- 2, einmal in Längsrichtung, einmal in Querrichtung zerschnittene DIN A 4 - Blätter

Bastelanleitung

Die Kinder "weben" und kleben Papierstreifen, analog zur Papyrusherstellung, ineinander. In zwei Spalten schreiben sie, wie Paulus, den Philemonbrief auf. Sie befestigen abschließend die beiden Rundhölzer an den Seiten.

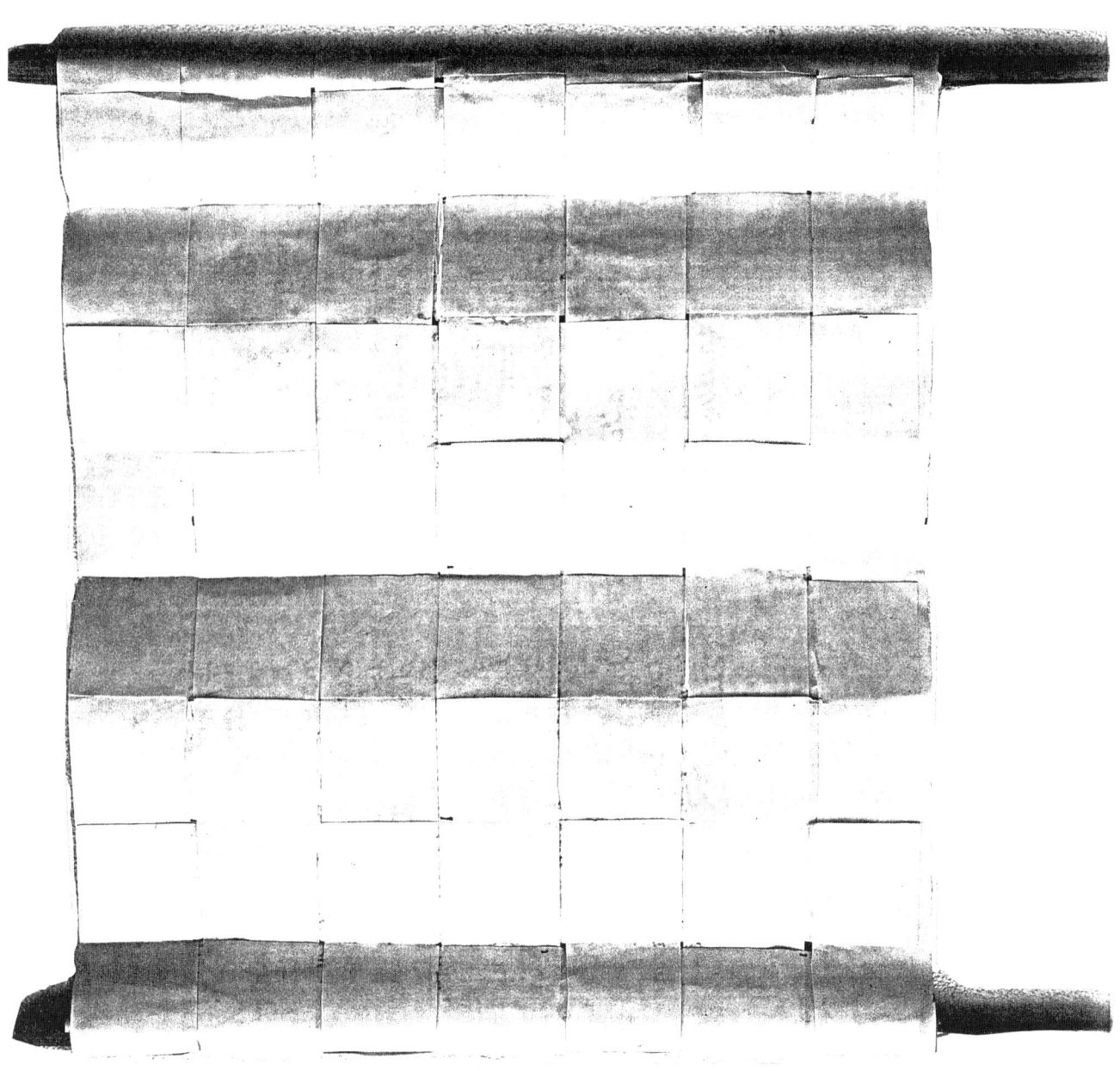

Der Herr ist mein Hirte

Von beiden Seiten aus wird in einem Fensterbild sichtbar und durchsichtig, daß Gott Menschen braucht und Jesus Menschen sucht - eine klar durchschaubare Zusammenfassung der Botschaft Jesu.

Intentionen
- Die Kinder spüren, wie Gottes bedingungslose Liebe zum Ausdruck kommt.
- Sie lesen Grundzüge der Gottesbotschaft Jesu an dem Fensterbild ab.

Materialien
- Tonpapier (rot, dunkelbraun, hellbraun, weiß)
- weiß-beige Wolle oder Watte
- Schere
- Kleber

Bastelanleitung
Aus rotem Tonpapier wird der Fensterrahmen zurechtgeschnitten und mit Filzstift beschriftet. Hirtenkörper (dunkelbraun), Hirtengesicht (weiß) und Stock (dunkelbraun) werden einmal, Hut (hellbraun) zweimal zurechtgeschnitten und zusammengesetzt. Die fünf Schafe werden beidseitig mit Wolle oder Watte beklebt und in den Bilderrahmen eingefügt.

Gott ist bei uns

Lene Mayer-Skumanz' Erzählung, in der Tino den lieben Gott, der überall sein soll, sucht, bis er die weitere Suche auf den nächsten Tag verschiebt, weil er einem Nachbarn beim Holzsägen geholfen hat und nun müde davon geworden ist, könnte Bastelanlaß sein.

Tino sucht den lieben Gott

Tino liest ein Buch. In dem Buch steht: Gott ist überall.

Tino legt das Buch weg und zieht seine Schuhe an.

Tina fragt: "Wohin gehst du, Tino?"

"Ich gehe den lieben Gott suchen", sagt Tino.

"Oh", sagt Tina. "Den lieben Gott kann man doch nicht sehen."

"Ich werde überall schauen", sagt Tino. Er läuft in den Garten hinaus.

Hier blühen Stiefmütterchen in einem runden Beet.

Tino steht ganz still und schaut.

Die Stiefmütterchen haben kleine, freundliche Gesichter. Keines gleicht dem anderen, jedes ist schön.

Tino schaut und wartet, aber er sieht nur Stiefmütterchen.

"Ich werde anderswo weitersuchen", sagt Tino.

Da rührt sich etwas im Blumenbeet. Es huscht heimlich hin und her. Tino beugt sich vor. Eine kleine Maus schaut zwischen den Stiefmütterchen hervor. Ihr Schnurrbart zittert, ihr braunes Fell schimmert wie Seide. Tino freut sich.

Die Maus verschwindet im Gras. An den zarten Graswellen kann Tino erkennen, wohin die Maus rennt. Er rennt ihr nach.

Die Maus huscht zwischen den Zaunlatten in den Nachbargarten. Tino findet eine große Lücke im Zaun und kriecht durch.

Der Nachbar schneidet Holz. Mit der einen Hand drückt er einen dicken Ast auf den Sägebock, mit der anderen hält er die Säge. Aber die Säge ist für zwei gemacht, nicht für einen.

"Ich hätte schon immer gern gesägt", sagt Tino. "Darf ich mitsägen?" Später geht Tino nach Hause. Er ist müde und zufrieden.

"Na?", fragt Tina. "Hast du den lieben Gott gefunden?"

"Ich weiß nicht", sagt Tino. "Aber morgen gehe ich ihn wieder suchen."

Ohne die immergültige Wahrheit "Gott ist überall" in Frage zu stellen, könnte die Konkretion - auch die zusammengebastelte - "Gott ist bei uns", d. h. dort, wo Tino, wo wir gerade gebraucht werden und in Aktion geraten/treten, dem Gottesglauben auf die Beine helfen.

Intentionen

- Die Kinder tauschen Vorstellungen von Gott aus.
- Sie bemerken die Bildhaftigkeit ihrer Gottesvorstellungen, aber auch deren Grenzen.
- Sie begnügen sich mit der Einsicht und der Erfahrung, daß Gott bei uns ist, und gestalten diese Erfahrung an Beispielen.

Materialien

Alternative 1:
- Schuhkarton
- dünnes Holz
- Pappe
- Kleber
- Spielmaus für Katzen
- evtl. grünen Filz, Stoff

Alternative 2:
- Plakatkarton
- Kopiervorlage
- Bildmaterial
- Wollfäden
- Kleber
- Stifte

Bastelanleitung

Alternative 1: Die Kinder illustrieren in Gemeinschaftsarbeit die Geschichte von Tino, der den lieben Gott sucht. Ein Schuhkarton dient als Bühne. In den Hintergrund wird ein Baum eingeklebt, der aus Naturmaterialien angefertigt ist. Das Beet mit den Stiefmütterchen wird ausgemalt und aufgestellt. Auch gepreßte Stiefmütterchen, auf Filz geklebt, sind wirkungsvoll. Tino und der Nachbar können sowohl ausgemalt als auch mit Stoffresten bekleidet werden. Eine kleine Spielzeugmaus vervollständigt die Szene.

Alternative 2: Die Kinder gestalten die gleichen Figuren wie oben aus, hängen sie als Mobile an den Wortstreifen "Gott ist bei uns" und schmükken diesen aus.

Gott ist das Licht der Welt

Zu den Bildern und Vorstellungen von Gott, wie sie die biblischen Traditionen bevorzugt gebrauchen, gehört die Metapher von Gott als dem Licht der Welt.

Die Erfahrung, daß es dort, wo Gott wirkt, hell und warm wird, kann vor allem durch die Betrachtung des Hundertguldenblattes von Rembrandt gewonnen werden. Vertiefen läßt sie sich an der Gestaltung eines Plakates mit Johannes 8,12 im Zentrum und mit Liedern wie "Die güldene Sonne (EKG 346,1), "Gottes Liebe ist die Sonne" (Mein Liederbuch für heute und morgen, B 18) oder "Du bist das Licht der Welt" (Neue Lieder der Gemeinde, Nr. 52) im Umfeld.

Intentionen

- Die Kinder suchen nach Möglichkeiten, wie wir von Gott oder mit Gott am besten reden können.
- Sie beziehen biblische Bilder und Geschichten, die von Gott reden, ausgestaltend auf ihre Situation.

Materialien

- schwarzer und gelber Fotokarton
- Bildmaterial
- Kleber
- Buntstifte

Bastelanleitung

Auf schwarzen Fotokarton kleben die Kinder eine beschriftete Spirale ("Gott ist das Licht der Welt"). Anschließend zeichnen sie Situationen, in denen Gott nahe ist, oder kleben ausgewählte Bilder auf gelbe Tonpapierdreiecke. Sie schmücken die Spirale zu einer Sonne aus.

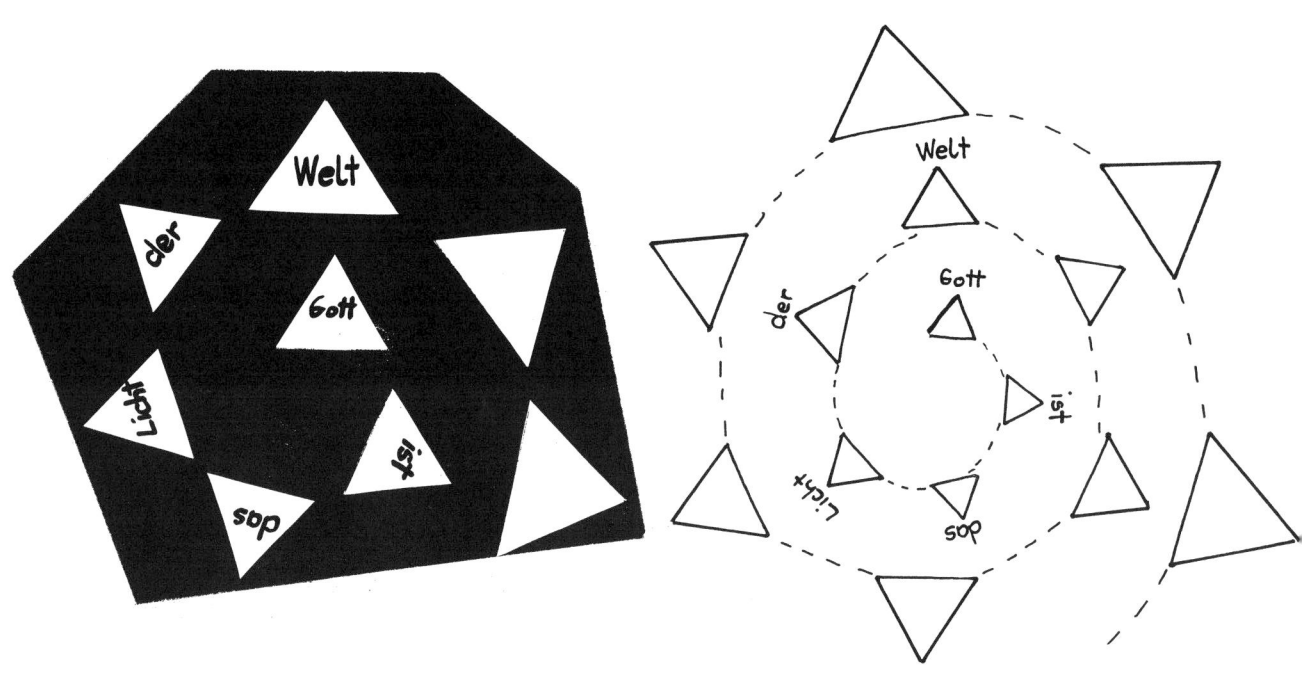

Wir freuen uns an der Schöpfung

Oft nehmen vor allem Stadtkinder Schöpfung/Natur nicht mehr elementar wahr. Schulgärten und Schullandheimaufenthalte sind noch zu selten. Ein fast adäquater Ersatz kann die Begegnung mit einem Baum oder die Beschäftigung mit einem Bild von van Gogh sein, das transparent ist für das Wirken und Wesen Gottes.

Intentionen
- Die Kinder nehmen an dem Bild die Schönheit der Natur wahr und drücken ihre Freude darüber aus.
- Sie bedenken und staunen darüber, wie das alles geworden ist und wie sich darin Gott abbildet.

Materialien
- Kopiervorlage
- Zeichenpapier
- Buntstifte
- Kleber

Bastelanleitung
Die Bedeutung des Gartens erspüren die Kinder bei der Ausgestaltung eines Bildes von van Gogh. Sie entdecken beim Ausmalen Einzelheiten. Sie ergänzen das Gartenbild, indem sie Tiere hinzumalen und sich selbst als Gärtner/in hineinstellen. Diese(n) fertigen sie zunächst extra an und kleben ihn dann an ihren Lieblingsplatz im Garten.

Die Bedeutung des Gartens für den Menschen (Genesis 2 und 3)

Lernspiele gibt es viele. Wenig bekannt sind die abwechslungsreichen Lernspiele, welche die Kinder als Bierdeckeltrainer zu verschiedenen Themen (mit Hilfe) selbst gestalten können.

Intentionen
- Die Kinder besprechen Fragen vor, die sie zum Thema beantworten wollen.
- Sie basteln dazu ein Frage-Antwort-Spiel, das ihre Kenntnisse auf abwechslungsreiche Weise abfragt und sichert.
- Sie setzen ihren "Bierdeckeltrainer" zu Hause ein.

Materialien
- Karton
- segmentierte Papiervorlagen
- Stifte

Bastelanleitung
Wenn die Kinder durch den Jahwisten die Bedeutung des Gartens erkannt haben und sich der Verantwortung für die Erde bewußt sind, gestalten sie ein Frage-Antwort-Spiel nach dem System des "Bierdeckeltrainers".
Sie besprechen wesentliche Fragen zum Thema mit ihren jeweiligen Partnern und notieren diese abwechselnd auf der Vorder- und Rückseite ihrer Pappscheibe. Anschließend tragen sie die zutreffende Antwort auf der gegenüberliegenden Seite der Scheibe ein. Schließlich passen sie ihre Fragescheibe mit einer Lochklammer in einer verzierten Hülle ein.
Der Probelauf des Spiels kann gestartet werden. Dann geht's erst richtig los!

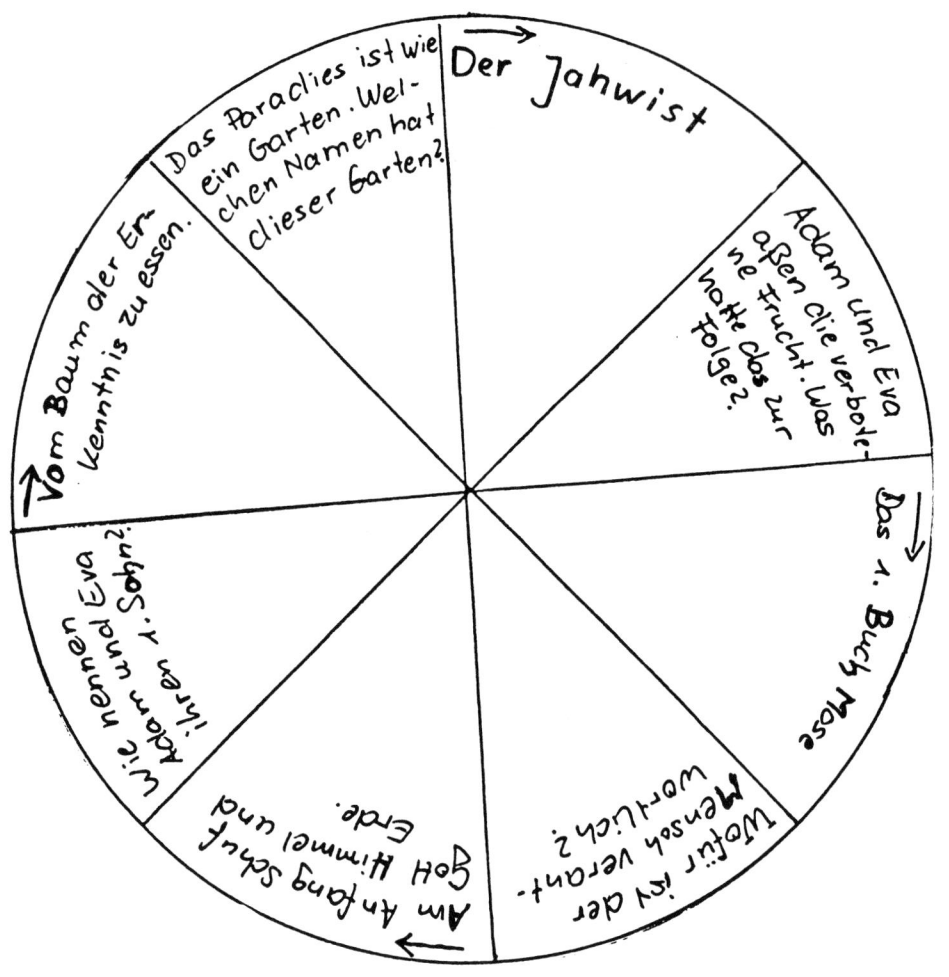

Der Jahwist

Das Paradies ist wie ein Garten. Welchen Namen hat dieser Garten?

Vom Baum der Erkenntnis zu essen.

Wie nennen Eva und Adam ihren 1. Sohn?

Am Anfang schuf Gott Himmel und Erde.

Wofür ist der Mensch verantwortlich?

Das 1. Buch Mose

Adam und Eva aßen die verbotene Frucht. Was hatte das zur Folge?

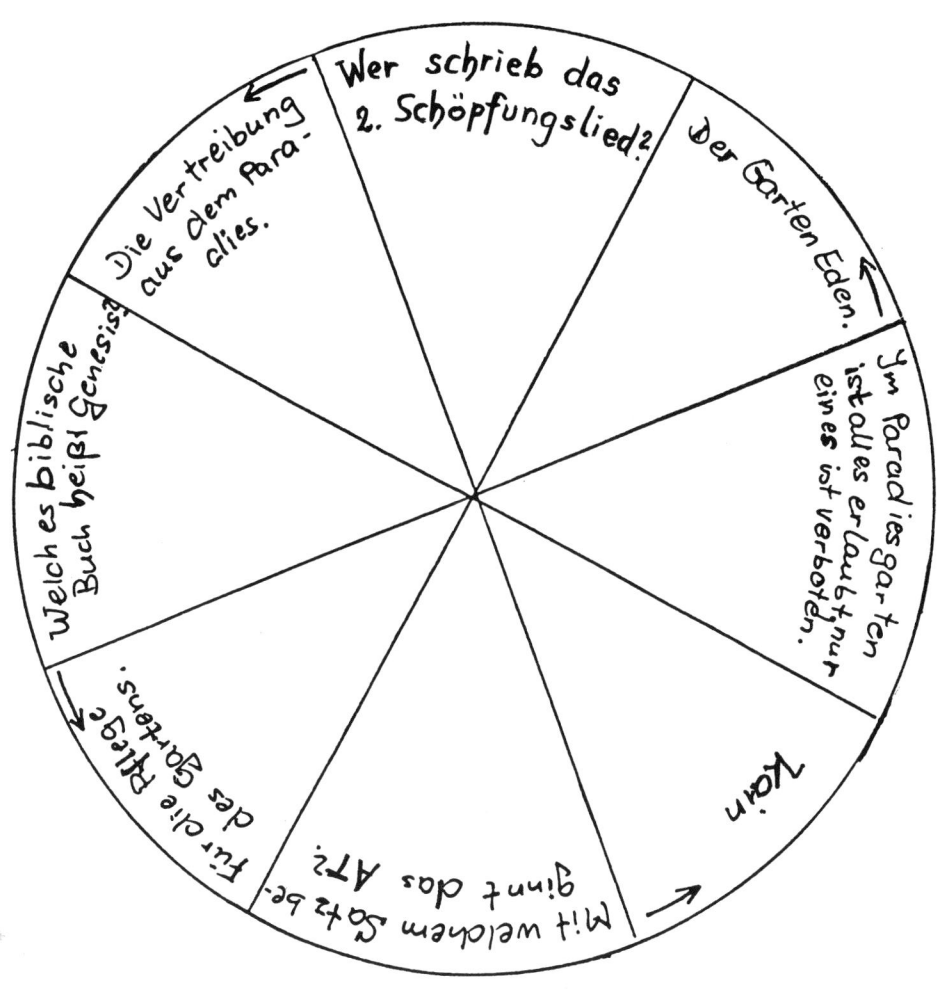

Wer schrieb das 2. Schöpfungslied?

Der Garten Eden.

Die Vertreibung aus dem Paradies.

Welches biblische Buch heißt Genesis?

Für die Pflege des Gartens.

Mit welchem Satz beginnt das AT?

Kain

Im Paradiesgarten ist alles erlaubt, nur eines ist verboten.

Das Kirchenjahr

Die Feste im Kirchenjahr sind Höhepunkte gemeinsamen Lernens und Lebens. Sie spielen im häuslichen wie im Schulleben eine bedeutende Rolle. Beim gemeinsamen Puzzeln werden die christlichen Feste und ihre Botschaft vergegenwärtigt. Beim Basteln werden die Kinder zu Fragen nach Bedeutung, Ursprung, Ziel und Sinn der Feste angeregt. Bereits erarbeitete Feste oder Feiern werden in Handlung umgesetzt und aktualisiert. Das Puzzle kann später in Beziehung gebracht werden zum jüdischen und islamischen Festkreis.

Intentionen
- Die Kinder wiederholen christliche Feste und ihre Bedeutung im Ansatz, indem sie diese farbig und symbolhaltig ausgestalten.
- Sie bestimmen die zeitliche Reihenfolge der Feste.
- Sie erinnern ihre Familie an das Kirchenjahr und testen ihre Kenntnisse.

Materialien
- Kopiervorlage (blanko oder vorgezeichnet)
- Buntstifte
- Kleber
- Pappe

Bastelanleitung
Die Kinder kleben die vergrößerte Kopiervorlage (Seite 42) auf Pappe. Sie malen die Zeichnungen aus bzw. fertigen eigene Skizzen an oder kleben ausgeschnittenes Bildmaterial auf. Die Elemente müssen ausgeschnitten werden. Durch die Verschiedenfarbigkeit hat jedes Kind ein individuelles Puzzle, das bestimmt auch zuhause gespielt wird.

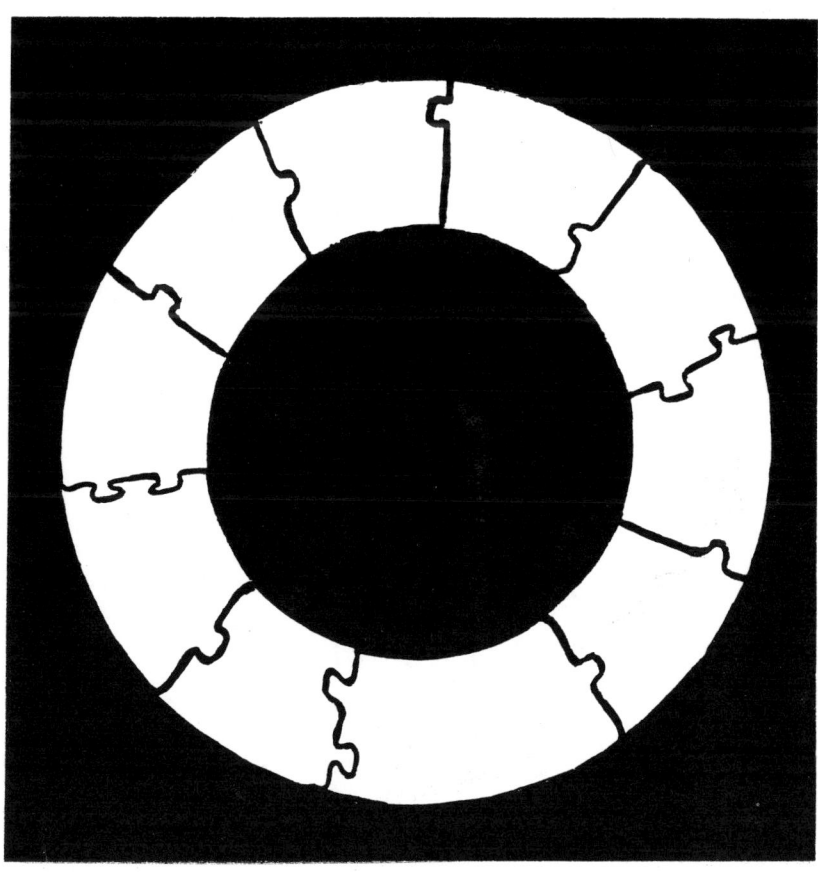

Wer möchte nicht eine Kirche (im Modell) bauen? Es macht Spaß und ist gar nicht so schwer, wenn es nicht das Freiburger Münster sein muß. Vorher müssen die Kinder eine evangelische Kirche außen und innen gründlich betrachtet haben. Beim Basteln lernen sie die Aufgaben des Kirchengebäudes und damit auch etwas vom Wesen der Kirche kennen.

Intentionen
- Beim Basteln lernen die Kinder das Gebäude und die wichtigsten Einrichtungsgegenstände mit den Händen kennen.
- Sie unterscheiden und gestalten das Kirchengebäude von außen (Turm mit Glocken; Uhr, Hahn oder Kreuz; Portal, Kirchenfenster) und von innen (Altar mit Bibel; Kreuz/Kanzel; Taufstein/-becken; Orgel/Liedertafel; Bänke/Gestühl; Sakristei; Empore, farbige Fenster).

Materialien
- Kopiervorlagen
- Farbstifte
- Schere
- Kleber
- Transparentpapier
- Knete
- kleine (Streich-)Hölzer
- Glöckchen (vom Osterhasen)
- Holzstücke

Bastelanleitung
Die Kinder schneiden die Bauelemente aus, lösen das Papier aus den Fenstern und hinterkleben diese mit Transparentpapier. Nun knicken sie die Teile der Kirche entlang der gestrichelten Linie und kleben sie an den Klebelaschen zusammen. Mit einer kleinen Knetekugel wird das Holzkreuz auf dem Turm befestigt. Hier im Turm wird auch die Kirchenglocke aufgehängt. Das Kirchenschiff statten die Kinder mit Phantasie und den vorhandenen Holzklötzchen aus. Es entstehen Bänke, Taufbecken, der Altar, die Kanzel und Liedtafeln.

Kirchenschiffrückwand

durchgezogene Linie
ausschneiden

gestrichelte Linie

knicken

kleben

an Rückwand kleben

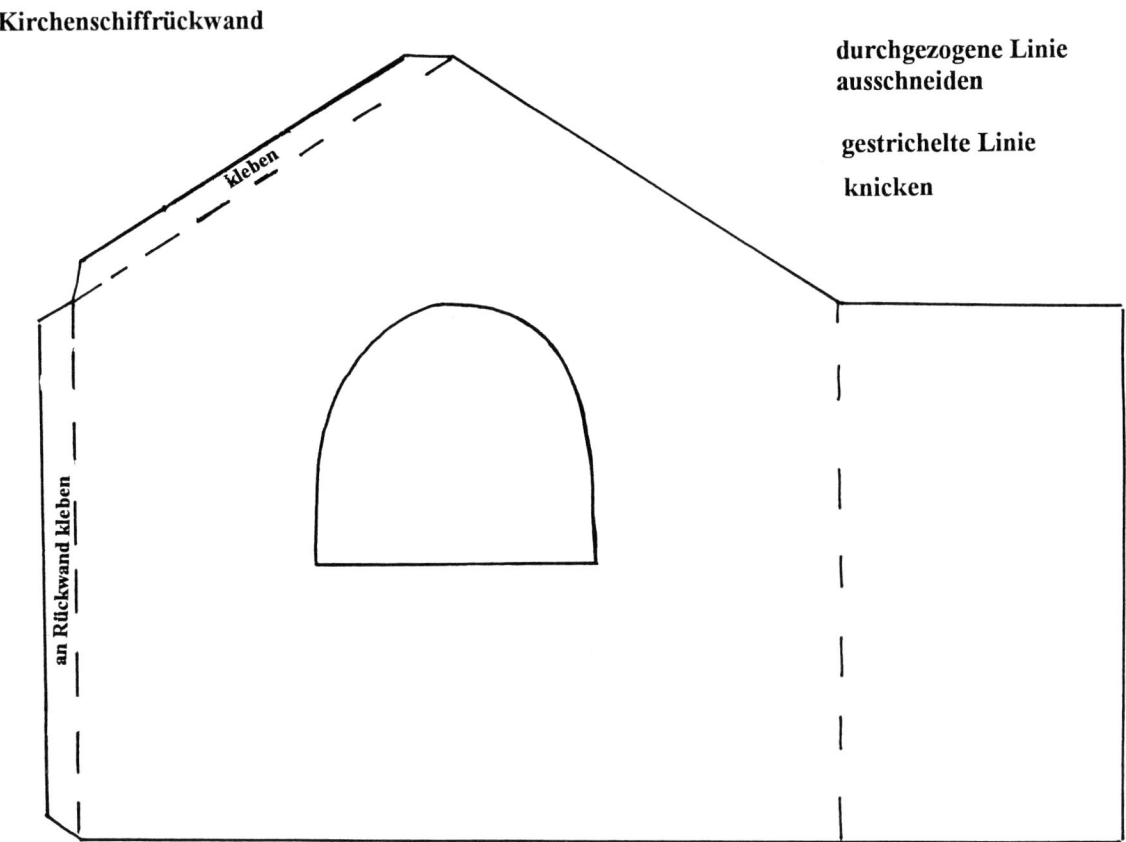

halbes Dach des Kirchenschiffs

kleben

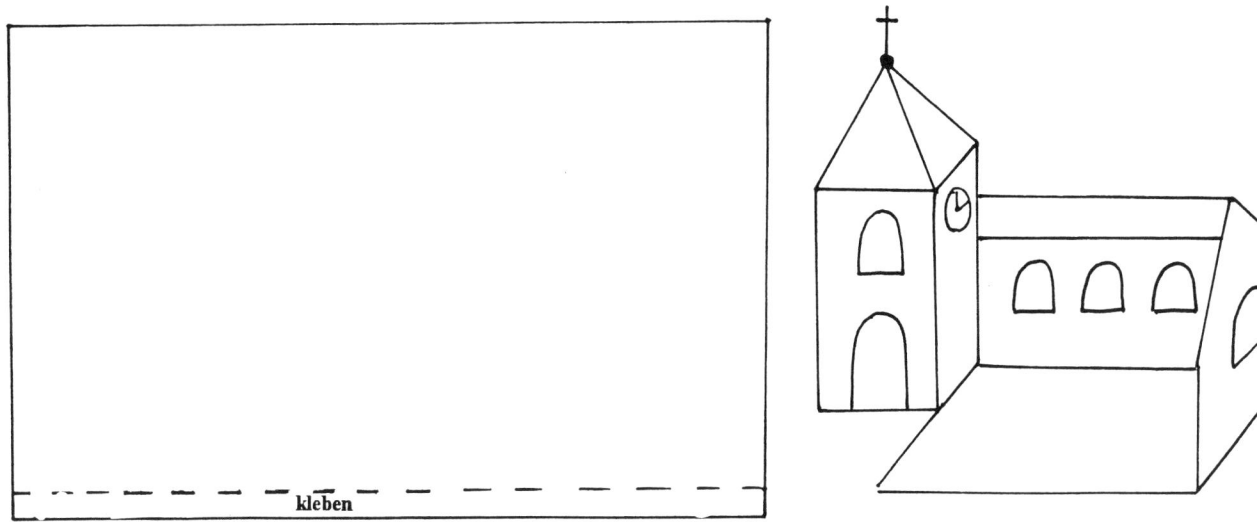

Turm

Uhr

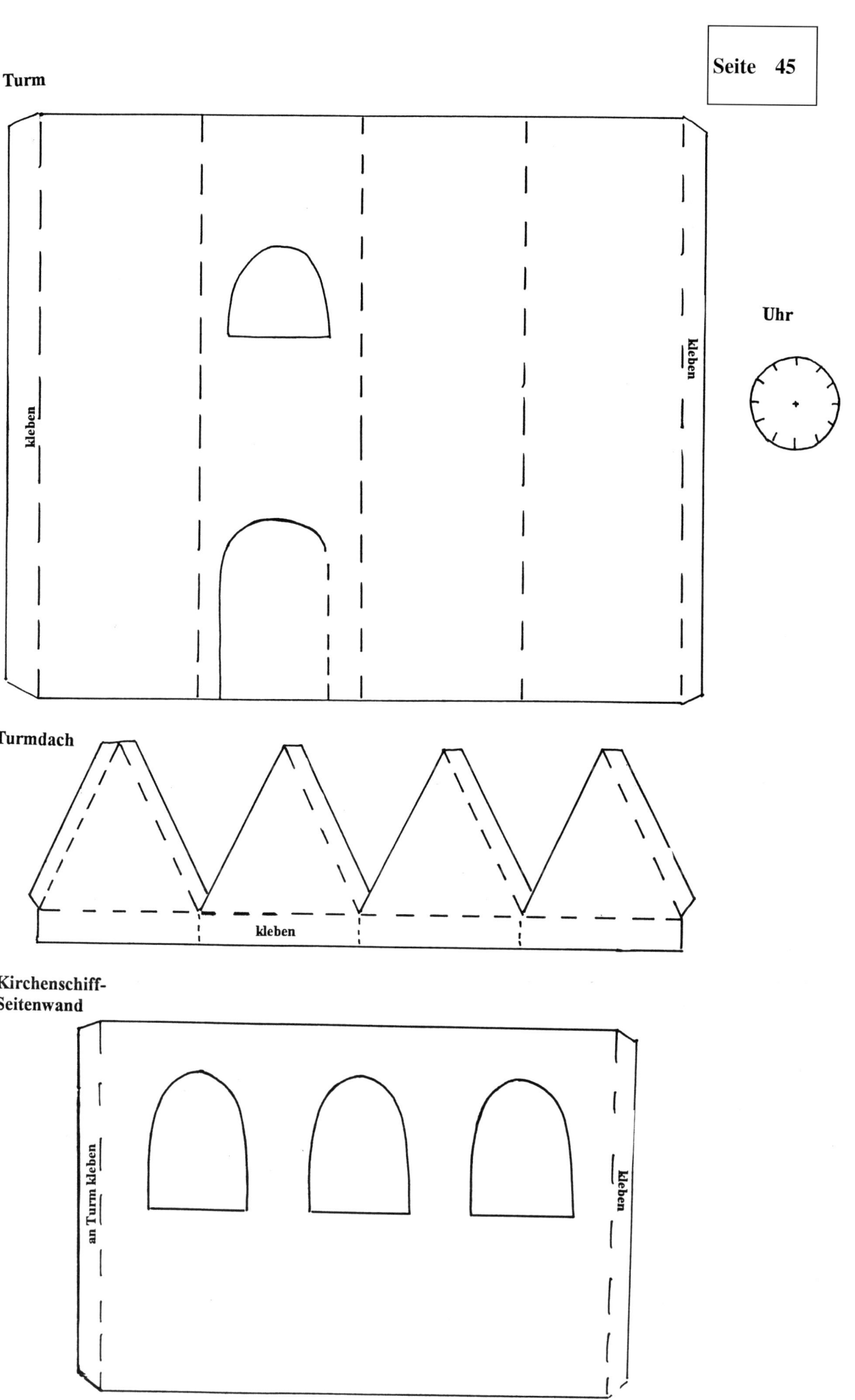

kleben

kleben

Turmdach

kleben

**Kirchenschiff-
Seitenwand**

an Turm kleben

kleben

In einer katholischen Kirche

Wenn die Kinder die katholische Kirche des Ortes und ihre Besonderheiten kennengelernt haben, können sie sich daran machen, den Altarraum dieser oder einer anderen Kirche als Aufstellbild zu gestalten.

Intentionen
- Die Kinder lernen beim Basteln die katholische Kirche von innen her kennen.
- Sie vergleichen damit die evangelische Kirche und stellen Gemeinsamkeiten und Besonderheiten heraus.
- Sie gestalten (in der Phantasie oder bastelnd) einen "ökumenischen" Innenraum einer evangelisch-katholischen Kirche.

Materialien
- Kopiervorlage
- Filzstifte

Bastelanleitung
Die Kinder malen die beiden Vorlagen aus. Sie schneiden Vorlage 2 entlang der gepunkteten Linie aus. Nun falten sie die gestrichelten Linien zur Rückseite hin, lediglich die Linie links vom Altar knicken sie nach vorn. Die schraffierten Flächen, mit Klebstoff bestrichen, nehmen die Seitenteile von Vorlage 2 auf. Das Klappbild wirkt durch Aufstellen plastisch.

Vorlage 1

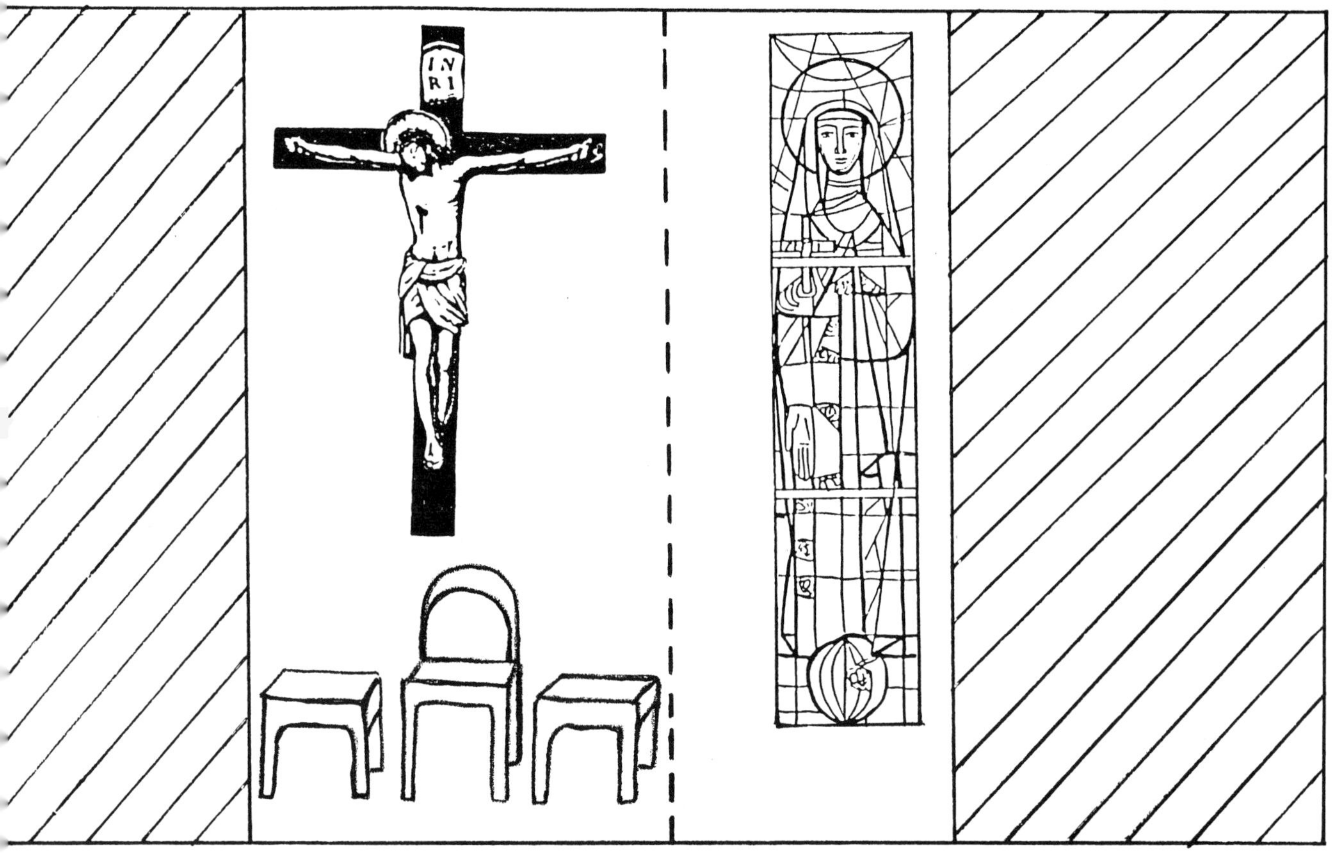

Vorlage 2

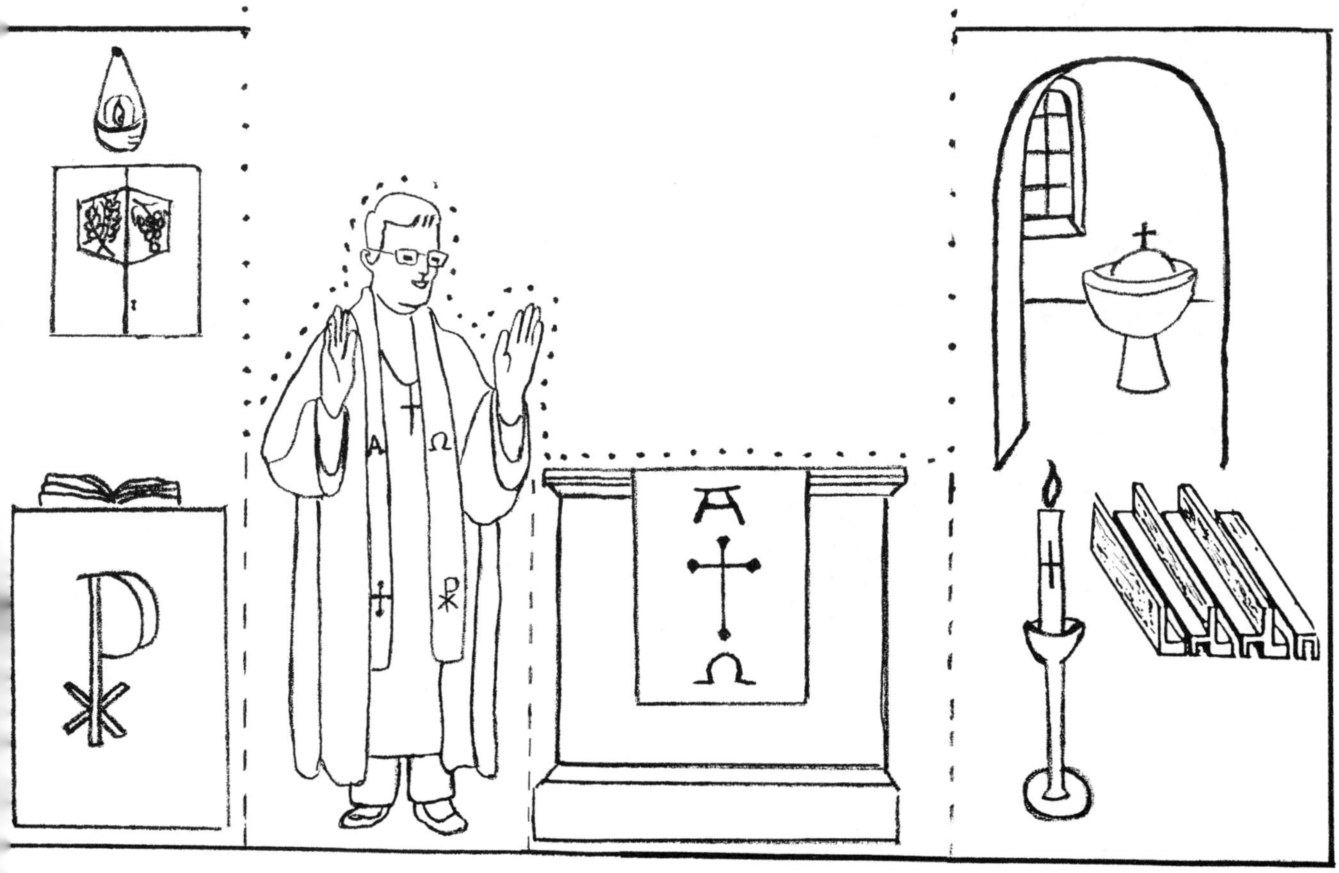

Martin-Luther-Leporello

Im Kloster lernte Luther die Bibel kennen. Vorher war er - wie alle anderen Leute - auf das angewiesen, was ihm die Priester über die Bibel gesagt hatten. Er betete täglich die Psalmen und las die Schrift, geleitet von den Erklärungen, die die Kirche ihm gab. 1507 wurde er zum Priester geweiht und für das Theologiestudium bestimmt. Nach seiner Promotion zum Doktor der Theologie wurde er 1512 Professor in Wittenberg. Er hatte nun Vorlesungen über die Bibel zu halten und die Studenten in ihrem rechten Verständnis zu unterweisen.

Bei seiner Vorbereitung stieß er auf ein Wort, das ihn nicht mehr losließ: Gottes Gerechtigkeit. Bisher hatte er das immer so verstanden, daß Gott gerecht ist, indem er die Menschen nach ihren Taten beurteilt und die Guten belohnt, die Bösen aber bestraft. Dieser Gedanke hatte ihn immer tief beunruhigt: Nie konnte er gewiß sein, ob er vor Gott bestehen konnte. Immer fielen ihm Sünden und Verfehlungen ein, die ihm Gottes Strafe und Zorn befürchten lassen mußten. Kein Wunder, daß er Gott im geheimen zu hassen begann und sich gegen ihn empörte: Wie konnte er nur so hart und grausam sein?

Im Brief des Apostels Paulus las er aber nun: "Die Gerechtigkeit Gottes wird im Evangelium offenbart." Wie sollte sich das aber zusammenreimen lassen: Evangelium und Gerechtigkeit Gottes? "Evangelium", das hieß nämlich auf deutsch: "Frohe Botschaft" oder "Gute Nachricht". Offensichtlich verstand Paulus unter "Gerechtigkeit Gottes" etwas grundlegend anderes, als Luther bisher selbstverständlich angenommen hatte. Wenn es bei Paulus dann hieß: "Der Gerechte lebt aus Glauben", dann mußte etwas ganz anderes gemeint sein. Je öfter Luther nun die Worte las und bedachte, desto klarer wurde ihm: Gott nimmt den Menschen aus Barmherzigkeit an und macht ihn gerecht. Der Mensch muß sich die Gerechtigkeit nicht erst verdienen, er bekommt sie geschenkt. Er braucht dieses Geschenk nur im Glauben anzunehmen.

Nach allem, was Luther an Ängsten und Zweifeln durchgestanden hatte, bedeutete diese Erkenntnis für ihn eine große Erleichterung: Er fühlte sich wie neu geboren, als ob er das Paradies betreten habe. Kein Wunder, daß er nun die Bibel mit neuen Augen las und auch ein ganz anderes Bild von Christus gewann.

Die zahlreichen erhaltenen Holzschnitte und holzschnittartigen Bilder zur Reformationszeit erlauben ein faltenreiches und ereignisreiches Leporello. Luthers Entdeckung freilich muß unanschaulich bleiben.

Intentionen

- Die Kinder erkennen im Ansatz die reformbedürftigen Zustände der Kirche am Ende des 15. Jahrhunderts.
- Sie erfahren, wie Luther seine Kindheit und Jugend verbrachte.
- Sie lernen das Leben im Kloster und Luthers Ringen um einen gnädigen Gott kennen.
- Sie verschaffen sich gegenseitig abfragend einen Überblick über wichtige Stationen des Lebens und Wirkens Martin Luthers, nachdem sie ein Leporello angefertigt haben.

In einer Synagoge/In einer Moschee

Ähnlich wie bei einer christlichen Kirche sagt auch im Judentum und im Islam das Gebäude für den Gottesdienst und die Versammlung der Gemeinde etwas Wesentliches über diese Religionen aus. Beim Basteln einer Synagoge oder einer Moschee kommt der Reiz des Fremden noch hinzu. Freilich ist es hier etwas schwieriger, die "Baupläne" zu bekommen und sich die Informationen über die Gegenstände und Einrichtungen der Synagoge/der Moschee zu besorgen (vgl. Möckmühler Arbeitsbögen 50 und 69).

Intentionen

- Die Kinder betätigen sich als Architekten in fremden Glaubenswelten.
- Sie dokumentieren jüdischen/islamischen Glauben und Lebensart pars pro toto an Gebäuden und Gegenständen, die sie selbst zusammenfügen, ausgestalten und in ihrer Bedeutung anderen erläutern (auch im Vergleich zur christlichen Kirche).
- Sie wecken Verständnis für jüdische/islamische Glaubens- und Lebensart.
- Sie entwerfen ein monotheistisches Gotteshaus für Juden, Christen und Moslems.

Materialien

- Kopiervorlage
- Stifte
- Pappe
- Schere

Bastelanleitung

Die Kinder gestalten die Synagoge farbig aus. Ein Goldstift festigt die feierliche Atmosphäre. Entlang der gepunkteten Linie schneiden die Bastler den Rabbi, das Lesepult, den Leuchter und den Toraschrein aus. Sie knicken die Bildhälfte nach oben. Durch Pappe kann der Stand der Synagoge verstärkt werden.

Analog dazu wird die Moschee gebastelt.

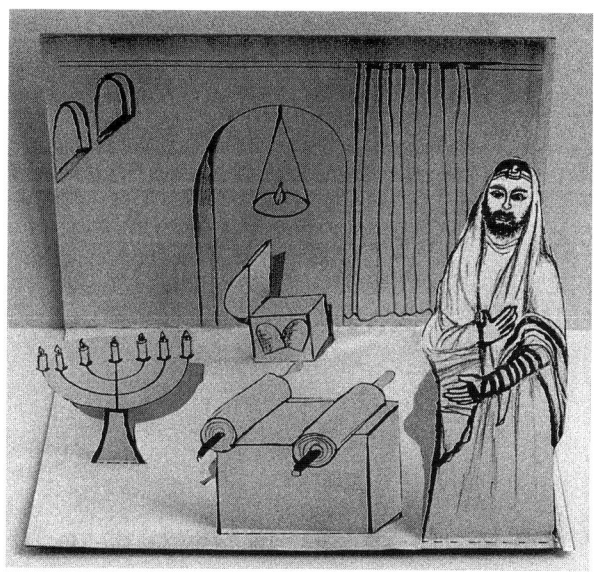

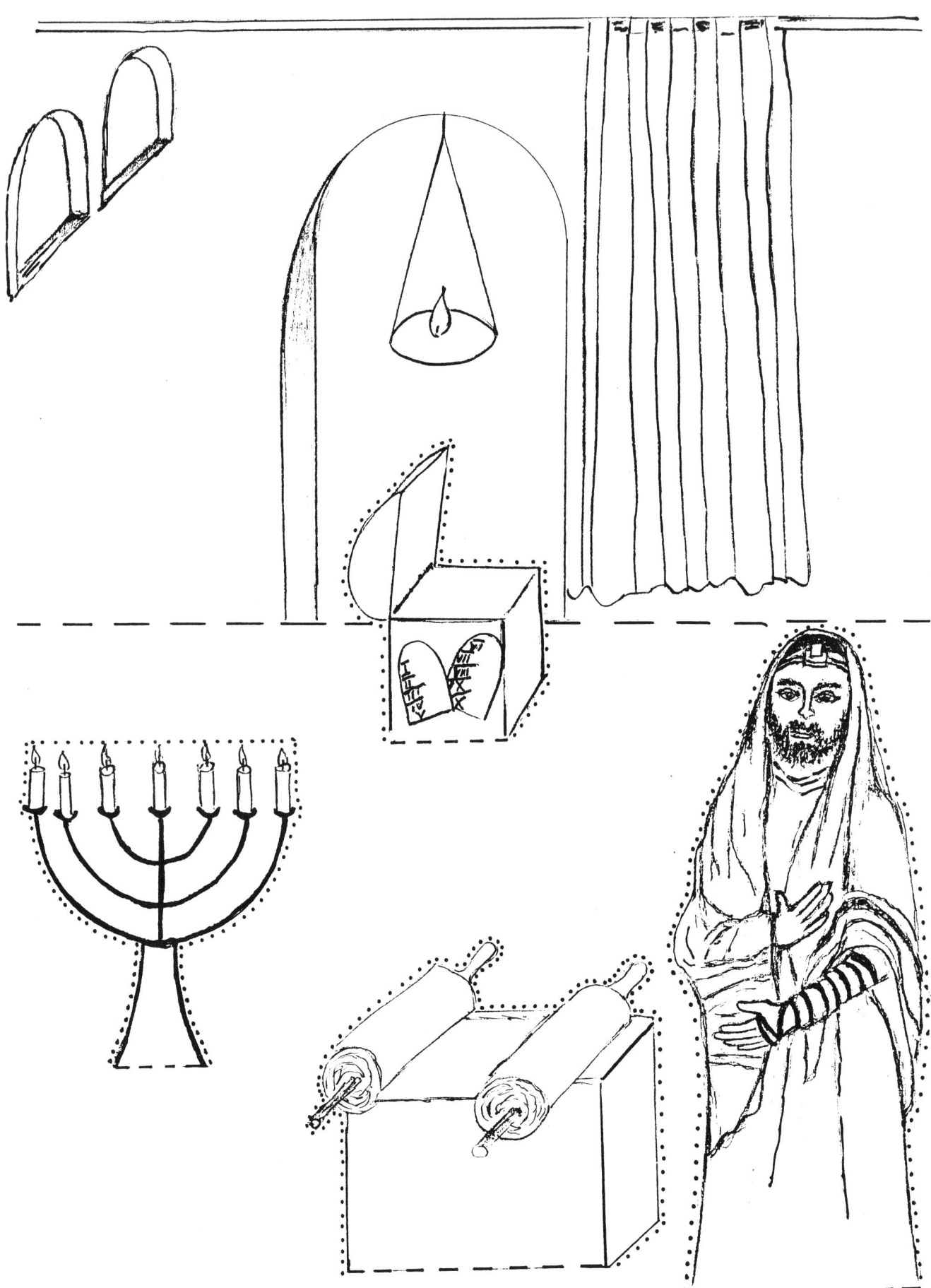

Purim ist ein fröhliches Fest, das etwa zeitgleich mit Fasching gefeiert wird (Februar/März). Die Kinder verkleiden sich und lärmen, vor allem mit Ratschen. Das Fest erinnert an die jüdische Königin Esther, die durch ihren persönlichen Einsatz das jüdische Volk rettete.
Am Abend des Festes und am Morgen des nächsten Tages wird in der Synagoge die Estherrolle gelesen. Der Vorleser trägt die Geschichte so vor, daß die Hörer sie miterleben. Sobald der Name "Haman" genannt wird, wird durch Klopfen und Ratschendrehen ein Riesenlärm veranstaltet. - Die Einführung des Purimfestes vgl. Esther 9, 20 - 32.

Intentionen

- Die Kinder stellen sich auf eine Feier des Purimfestes ein und gestalten den Klassenraum aus.
- Sie schmücken die Festtafel und üben einen Purimtanz ein.
- Sie gehen in Gedanken in eine Synagoge und lärmen beim Vorlesen der Estherrolle mit ihrer selbstgebastelten Ratsche.
- Sie teilen Geschenke aus, tanzen und feiern (evtl. in Verkleidung).
- Sie beantworten die Frage: "Warum seid ihr denn so lustig heute?"

Materialien

- zwei Holzstücke (15 x 1 x 2 cm) mit Bohrung
nach 1 cm (∅ der Bohrung: 1 cm) ①
- einen Rundstab (∅ 9 mm, Länge 12 cm) ②
- ein Holzklötzchen (3 x 2 x 1,8 cm) ③
- ein Holzspan (12 x 2 x 0,2 cm) ④
- ein Zahnrad zum Anschrauben (∅ 4 cm) ⑤
- eine Schraube (passend zur Bohrung im Zahnrad)
- Holzleim
- Schraubzwinge

Bastelanleitung

Die Kinder stecken das Zahnrad ⑤ auf den Rundstab ②, so daß das obere Ende des Stabes ca. 2 cm herausragt. Das Zahnrad wird in dieser Position mit der Schraube befestigt.
Sie schieben je ein Holzstück ① von oben bzw. unten auf den Rundstab. Dieser ragt nun am oberen Ende nur noch ca. 3 mm heraus.
Der Holzspan ④ wird mit dem Holzklötzchen ③ verleimt und dieses später mit den beiden Holzstückchen. Die Schraubzwinge erleichtert den Klebevorgang.
Beim Vorlesen der Hamangeschichte (Buch Esther) können alle Kinder beim Namen "Haman" nach Herzenslust ratschen.

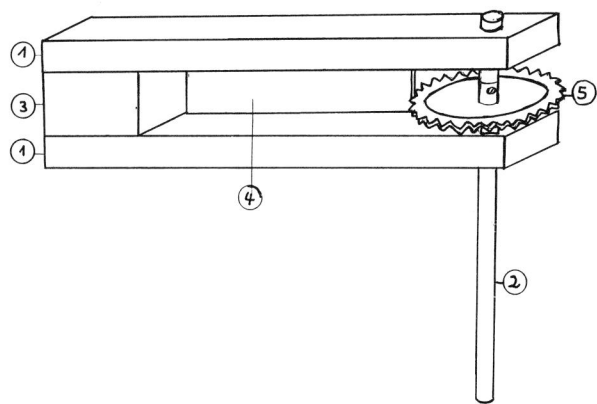

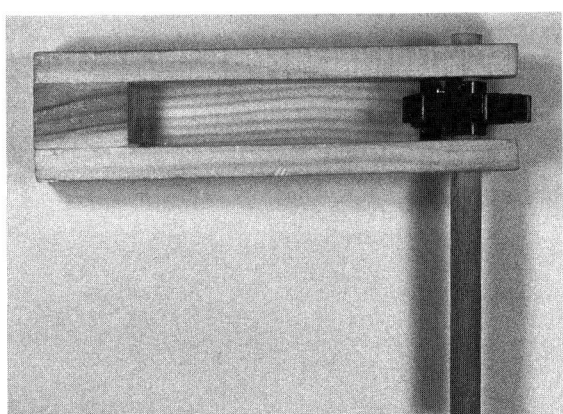

Nikolaus von Myra

An keiner Schule geht der Nikolaus(-tag) spurlos vorüber. Leider wirken die Gestalt oder Bilder von ihm oft angsterzeugend oder überhöht kitschig. Ein "echter" Nikolaus kann weiterhelfen. Einer, wie ihn die ostkirchliche Ikonentradition festgehalten hat. Einer, der zudem als Sprechpuppe erzählt, wie es "wirklich" war (z. B. nach Erzählbuch zum Glauben, hrsg. von Conrad, E., Band 1, Benziger/Kaufmann, S.321-325).

Intentionen
- Die Kinder erzählen eigene Nikolauserlebnisse.
- Sie lassen den echten Nikolaus, den sie als Sprechpuppe gestaltet haben, seine Geschichte erzählen.
- Sie merken, daß echte Geschenke am Nikolaustag Ausdruck persönlicher Zuwendung sein sollten, wenn sie zum echten Nikolaus passen sollen.

Materialien
- Kopiervorlage
- Fotokarton (DIN A 4)
- Holzstäbchen oder Spatel
- Buntstifte
- Klebestift
- Markisenstoff/Stoffreste
- Zickzack-Schere
- Sicherheitsnadel

Bastelanleitung
Die Kinder gestalten die Kopiervorlage farbig aus. Sie kleben Nikolaus auf Fotokarton, schneiden ihn aus und hinterkleben die Stabpuppe mit einem Holzspatel.

Aus Markisenstoff/Stoffresten schneiden sie einen Umhang für den Bischof. Dieser wird mit einer Sicherheitsnadel zusammengehalten.

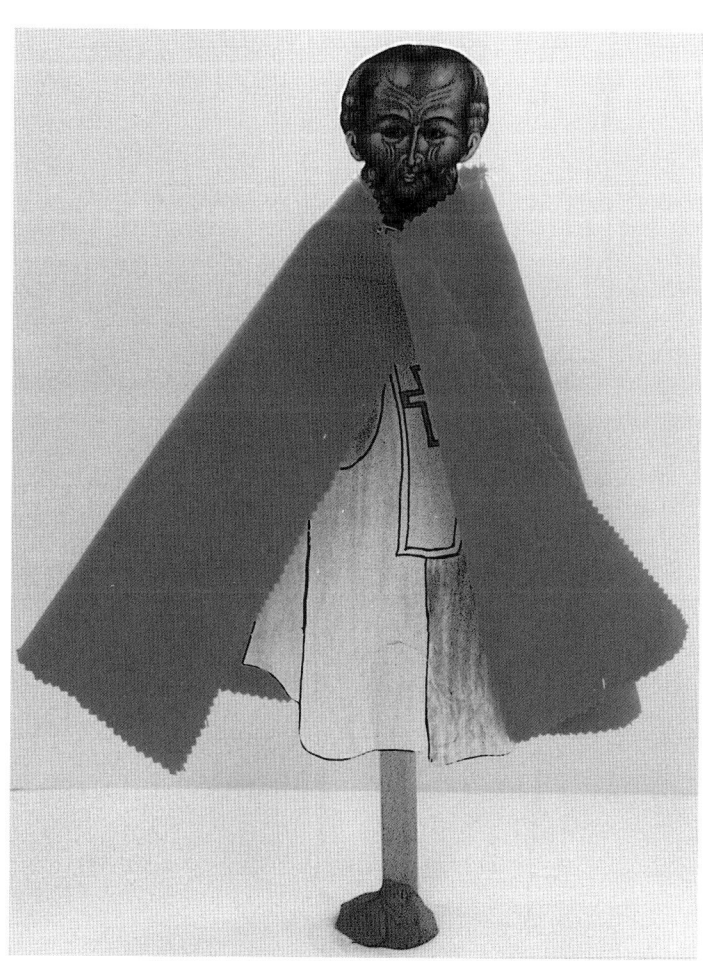

Weihnachten, der Geburtstag Jesu

Je schlichter, desto eindrücklicher. Dies gilt nicht nur, weil die Kinder im Grundschulalter nur sehr elementar Geformtes basteln und ausschneiden können. Mit Tütenfiguren kann's schon ab 6 Jahren losgehen. Ein elementares christliches Ereignis paßt dazu: der Geburtstag Jesu.

Intentionen
- Die Kinder wiederholen Jesusgeschichten.
- Sie begründen, warum wir den Geburtstag Jesu festlich begehen.
- Sie basteln Engel, Hirten, Schafe und andere Figuren aus der Weihnachtsgeschichte nach
  Lukas 2 und stellen sie auf.

Materialien
- Kopiervorlage
- Buntstifte
- Schere
- Kleber

Bastelanleitung
Die Kinder malen alle Einzelteile aus. Bei den Personen wird der Randstreifen mit ausgeschnitten, längs der gestrichelten Linie umgeknickt und mit Klebstoff bestrichen. Anschließend wird die Figur so zusammengerollt, daß dieser Streifen unter der gegenüberliegenden Mantelkante angeklebt werden kann. Bei der Krippe wird ein Teil bis zur Mitte eingeschnitten, so daß die beiden Teile ineinandergesteckt werden können. Das dritte Teilstück wird entlang der gestrichelten Linien nach innen geknickt, die so entstandenen Seitenstreifen werden mit Klebstoff bestrichen und an der Innenseite der Krippe befestigt.

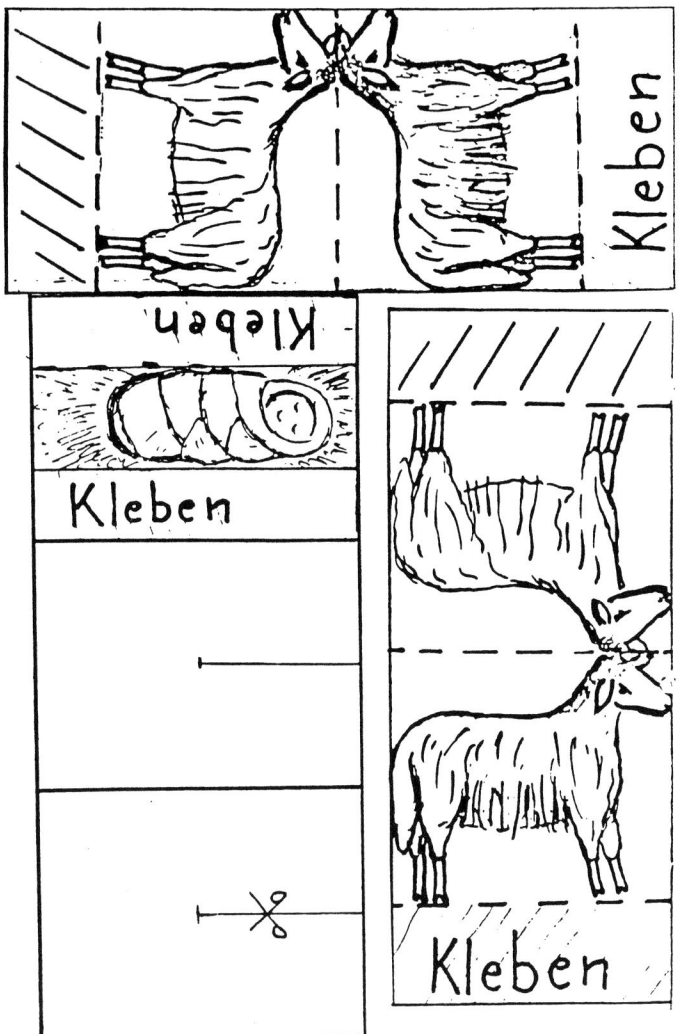

Kleben

Kleben

Kleben

Kleben

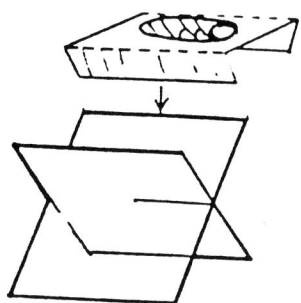

Kleben

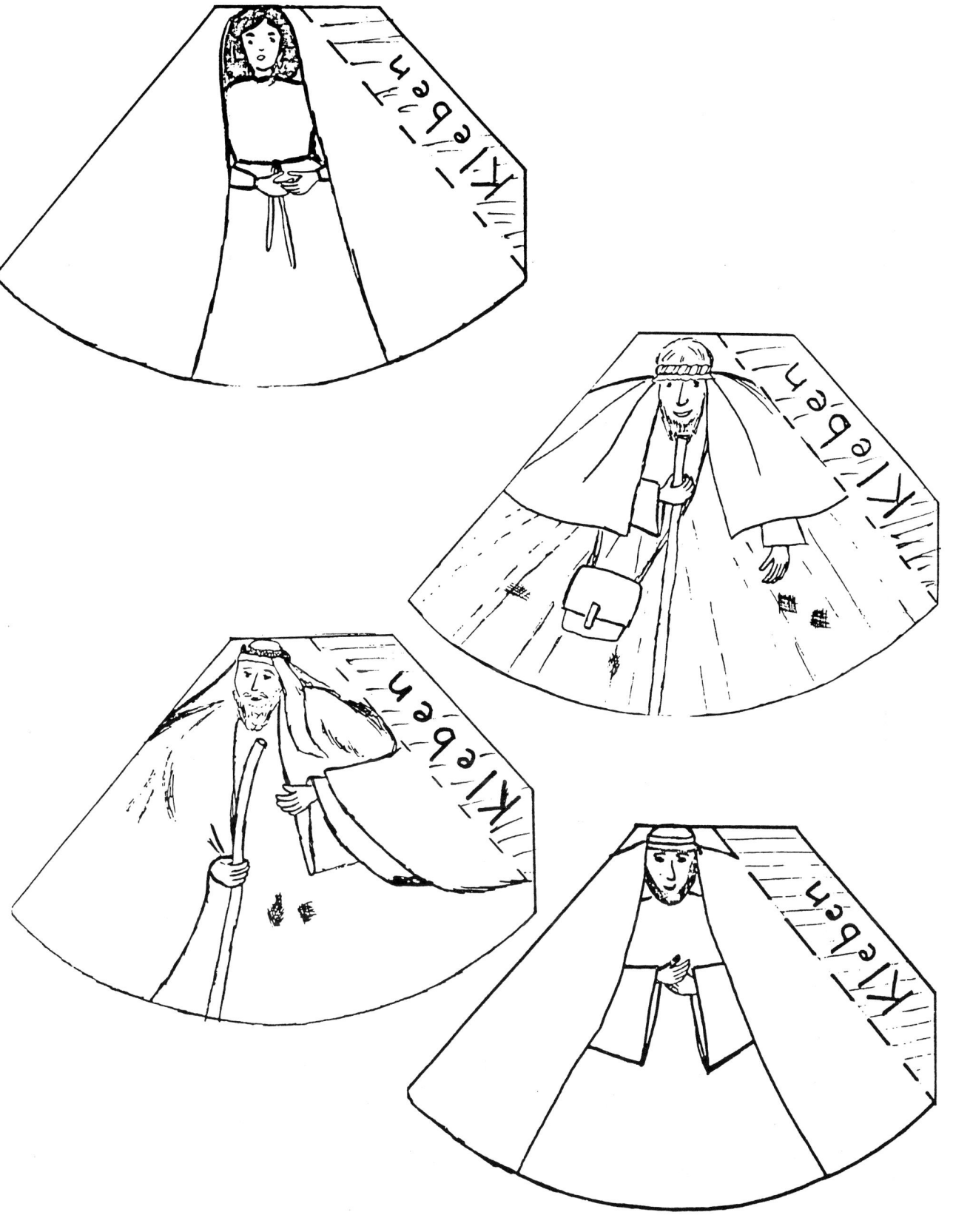

Wir feiern Weihnachten mit Lukas

Während Matthäus die Weisen aus dem Osten in den Vordergrund der Weihnachtsgeschichte stellt, läßt Lukas Engel, Licht und Hirten als Hauptmotive erkennen.

Engel: Lukas will zeigen, daß die neue Welt Gottes begonnen hat (Engel = Boten Gottes).

Licht: Lukas will sagen, daß Jesus den Menschen Licht gebracht hat, damit alle Menschen froh sein können: "Siehe, ich verkündige euch eine große Freude!..."

Hirten: Er will daran erinnern, daß Hirten sich schon lange nach dem Retter gesehnt haben und daß Jesus vor allem die Armen froh machen will.

Die Laterne kann nach und nach entstehen (Motive: 1. Teil: Stern oder Kerze; 2. Teil: Hirte; 3. Teil: Engel - hier das Meditationsrad des Niklaus von Flüe als Symbol für das Kommen Gottes; 4. Teil: Krippe).

Intentionen
- Die Kinder verbinden eigene Erfahrungen mit Licht und Dunkel mit Motiven aus der Weihnachtserzählung nach Lukas.
- Sie fassen die Arbeit des Lukas als Evangelist in einer Laterne zusammen, die auch heute Licht und Wärme in der Schule und zu Hause verbreiten kann.

Materialien
- Kopiervorlage
- Wachsmalkreiden
- Schere
- Kleber
- Karton
- Teelicht

Bastelanleitung
Die Kinder malen die Kopiervorlage mit leuchtenden Farben aus. Sie schneiden die Umrisse der Laterne aus, falten die Klebelaschen nach hinten. Die Seitenlaschen am linken Motivrand wird nun mit dem rechten Motiv verbunden. Die Bodenlaschen können auf ein quadratisches Kartonstück (Motivbreite = Seitenlänge) geklebt werden.

Tragt in die Welt nun ein Licht (Weihnachtskarte)

Materialien
- Tonpapier
- Bastelmesser
- Schere
- Kopiervorlage

Bastelanleitung
Die Kinder können aus den Vorlagen der Laterne auch Weihnachtskarten basteln. Besonders das Kerzenmotiv und das Meditationsrad eignen sich hierzu.

Sie übertragen das gewünschte Motiv auf Tonpapier und schneiden es mit einem Bastelmesser/ einer Schere aus. Wünsche schreiben sie (mit Goldstift) in das Innere der Klappkarte.

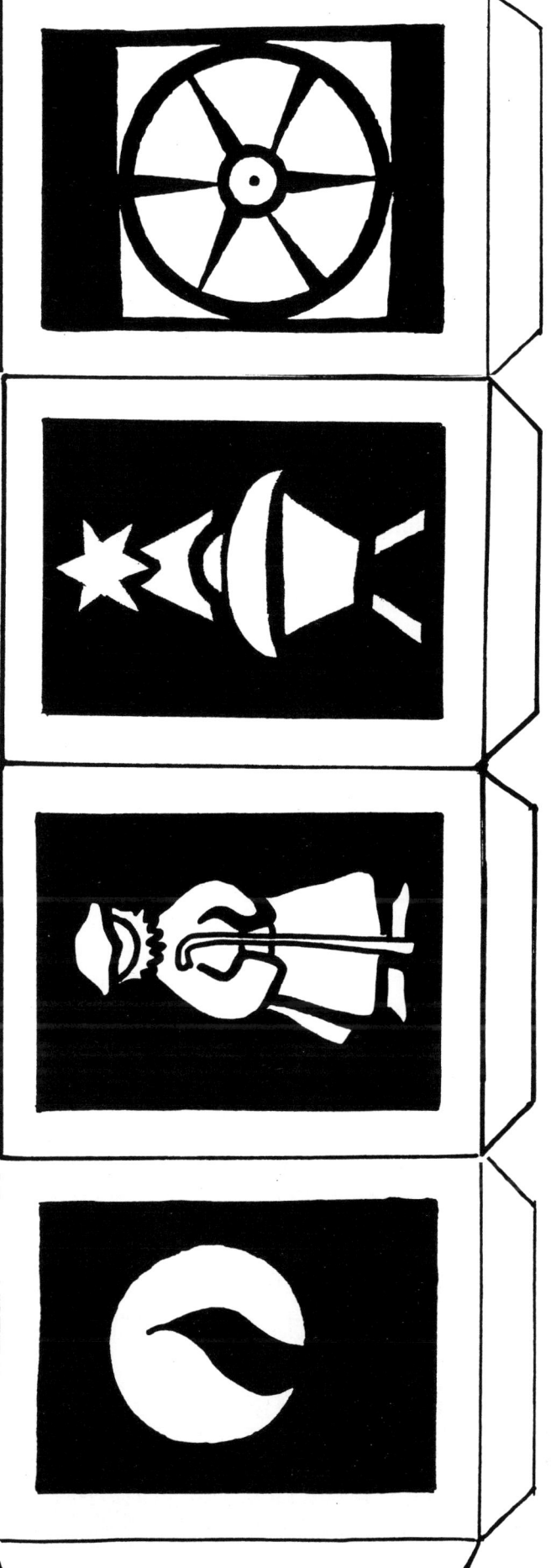

Weihnachten bei uns und anderswo

Bei so viel Weihnachten nach Matthäus und Lukas und in jedem Jahr neu ist es angebracht, einmal ein paar Grundkenntnisse festzuhalten (festzuklammern): Über Maria und Josef, Weise und Hirten, Kaiser und Könige...
Außerdem macht es Spaß, falsche Spuren zu legen und dann doch den rechten Weg zu zeigen (und zu kontrollieren).
Die Technik ist übertragbar auf viele Themen.

Intentionen
- Die Kinder wiederholen, sich selbst kontrollierend und "abfragend", Grundkenntnisse zur Weihnachtsgeschichte.
- Sie üben dabei die "Klammertechnik" ein, die sie auch für andere Themen benötigen.

Materialien
- Blanko-Vorlagen
- evtl. Schreibmaschine
- Kleber
- Miniklammern
- Farbstifte

Bastelanleitung
Die Kinder entwickeln je nach Leistungsstand Fragen (in Gruppen) zum Thema. Sie denken sich drei verschiedene Antworten aus, von denen nur eine zutreffend ist.
Nach dem Übertragen auf die Vorlage wird diese auf Karton geklebt, auf dessen Rückseite wird das Lösungsblatt befestigt. Hier markieren die Kinder die zutreffenden Lösungen.
Beim Spielen wird die vermutete richtige Lösung auf der Vorderseite durch eine Klammer markiert. Die Selbstkontrolle ist durch Umdrehen der Fragekarte gewährleistet.

In der Weihnachtsgeschichte ist von den Weisen aus dem Morgenland die Rede. Welche Geschenke bringen sie dem neu geborenen Jesus mit?

☐   einen silbernen Becher
☐   Gold, Weihrauch und Myrrhe
☐   einen Beutel Goldmünzen

Wer war zur Zeit von Jesu Geburt in Israel König?

Augustus ☐
Nero ☐
Herodes ☐

Wie hieß der römische Kaiser, der zur Zeit der Geburt Jesu herrschte?

☐   Cäsar
☐   Philippus
☐   Augustus

Wie heißt der Engel, der Maria verkündet, daß sie einen Sohn bekommen wird?

Raphael ☐
Gabriel ☐
Michael ☐

Wer war das Kind, über das bei Lukas geschrieben ist: "Ihr werdet finden das Kind in Windeln gewickelt und in einer Krippe liegen?"

☐   Johannes
☐   Moses
☐   Jesus

Jesus wird bald nach seiner Geburt von vornehmen Männern aus einem fernen Land besucht. Wer waren diese?

Kaiser ☐
Beamte ☐
Sterndeuter (Weise) ☐

In welcher Stadt wurde Jesus geboren?

☐   Bethlehem
☐   Jerusalem
☐   Nazareth

Maria und Josef machten sie auf von Nazareth nach Bethlehem. Warum?

wegen einer Volkszählung ☐
wegen eines Erdbebens ☐
wegen Obdachlosigkeit ☐

Was feiert die Christenheit an Weihnachten?

☐   die Taufe Jesu
☐   die Geburt Jesu
☐   den Tod Jesu

Mit welchem Ereignis ist der Beginn unserer Zeitrechnung verknüpft?

mit Mohammeds Tod ☐
mit der Taufe Johannes ☐
mit Christi Geburt ☐

Alternativ zu den Weihnachtsgeschichten, die meist aus der Perspektive des Lukas erzählen, fängt die Bastelarbeit die Weihnachtsgeschichte aus der Perspektive Marias, der Mutter Jesu, in einer Dia-Reihe ein. Zunächst stellt sich Maria als Stabpuppe vor (Bastelvorlage S. 11f). Sie ist sehr schlicht gehalten, um sie als die einfache, niedrige Magd darzustellen, die Gott auserwählt hat (Lukas 1,46-56). Sie erzählt aus ihrem Leben. Die Kinder identifizieren sich mit ihren Gedanken und Gefühlen.
Die Erzählung kann durch das Lied "Augustus Cyrenius" unterbrochen werden.
Die Hauptszenen werden von den Kindern in Dias eingefangen und anläßlich einer Advents- oder Weihnachtsfeier zusammen mit der Erzählung und dem Lied vorgestellt.

Intentionen
- Die Kinder stellen Maria, die Mutter Jesu, vor.
- Sie freuen sich mit Maria über die Geburt ihres Kindes und erkennen, daß sie die Hoffnungen Israels trägt.
- Sie versuchen einzuschätzen, welche Hoffnungen auf dem Sohn Gottes und welche Erwartungen auf dem Kind der Maria ruhen.
- Sie gestalten in Form von Dias die Weihnachtsgeschichte aus der Perspektive Marias nach.

Materialien
- Diarähmchen (mit Glas)
- Kerze oder schwarze Plaka-Farbe
- Zahnstocher
- Stopfnadeln
- Folienstifte
- Klebstoff

Bastelanleitung
Die Kinder üben die Gestaltung von Kleinstbildern (s. o.). - Die Dias werden aufgeklappt und mit der Glasinnenseite mehrere Male über eine Kerzenflamme gehalten, damit sie einrußen. Alternativ ist auch ein Einfärben mit Plaka möglich. Das geschwärzte Dia wird nun mit einem spitzen Gegenstand (z. B. Zahnstocher) ausgekratzt.
Die Glasstückchen können aber auch mit Folienstiften bemalt werden.
Besondere Effekte erreicht man, wenn man die Glasfläche mit Glasmalereifarben grundiert und dann zwischen die beiden Glashälften Gräser, Federn oder Blüten legt. Fließende Bilder (zur Meditation) erhält man dadurch, daß man Klebstoff mit Farbe auftropft und den Rahmen verschließt. Im Projektor wird durch die Wärme Bewegung erzeugt, so verändert sich ständig die Gestalt.

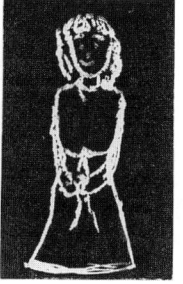

"Mein Kind, die Hirten und die Weisen"

Eines Tages aber kamen fremde Boten nach Nazareth. Sie zogen durch die Stadt und verkündeten: "Im Namen des großen und erhabenen Kaisers Augustus, dem die Götter ein langes Leben schenken mögen! Hört, was er befiehlt: Alle, die im jüdischen Land Palästina leben, müssen dem Kaiser Steuern zahlen. Darum soll sich jeder sofort auf den Weg machen und in die Stadt gehen, in der er geboren ist, damit sein Name dort in die Steuerlisten des Kaisers eingeschrieben werde!" Die Leute von Nazareth waren verärgert, aber wir mußten gehorchen.

Auch Josef, mein Verlobter, und ich machten uns auf den Weg. Wir mußten nach Bethlehem, da war Josef geboren, ebenso wie sein Vater, sein Großvater und der Vater seines Großvaters usw., bis zurück zu David. Denn sie stammten alle aus der Familie des großen Königs.

Nun mußte ich also wieder eine weite Reise machen. Aber diesmal erschien mir der Weg weiter und mühsamer und die Straßen steiler und staubiger. Das Kind lag so schwer in meinem Bauch, und die Beine taten mir weh. Josef ging mit ruhigen Schritten voran und führte den Esel. Er hatte ihn mit allem beladen, was wir für die Reise brauchten. Ich ging neben dem Esel her und hielt mich fest an ihm.

Abends in den Herbergen saßen wir meist etwas abseits. Mir war das Herz so schwer, wenn ich an das Kind dachte, das nun bald zur Welt kommen sollte. "Wie kann es uns befreien? Ein Kind?" fragte ich mich. "Wie kann es unser Retter sein?" Da sagte Josef zu mir: "Mach dir keine Sorgen! Gott weiß, was er vorhat. Was er anfängt, bringt er auch zu Ende." Und er nahm meine Hand und hielt sie fest.

L. und Ss. singen gemeinsam die 1. Strophe des Liedes "Die Weihnachtsgeschichte"(Augustus, Cyrenius...)

Endlich kamen wir in Bethlehem an. Es war schon dunkel, als wir die ersten Häuser erreichten. Ich war so müde und wollte gerne schlafen, aber wo? Wir klopften bei der Herberge an. Der Wirt kam heraus und hob abwehrend die Hände: "Es ist alles besetzt! Das Haus ist voll bis unter das Dach!" "Nur ein Plätzchen für mich! Ich kann nicht mehr!" bat ich ihn. "Ja, sie bricht doch gleich zusammen!" sagte Josef. Der Wirt schüttelte den Kopf. "Tut mir leid! Versucht es morgen. Die Leute kommen und gehen. Vielleicht wird morgen etwas frei." Er wollte schon wieder hineingehen und die Tür schließen, aber Josef trat dazwischen und rief: "Bitte! Sie muß doch irgendwo schlafen heute Nacht!"

Da hatte der Wirt Mitleid mit uns und sagte: "Nun gut! Ich will euch den Stall zeigen. Dort könnt ihr im Heu schlafen. Das ist besser als nichts." Im Stall war es warm. Ein Ochse stand in der Ecke. Er hob neugierig den Kopf, als wir mit dem Esel hereinkamen. Ich sank direkt in das Heu, das zu einem Haufen aufgeschüttet war. Josef setzte sich zu mir, bis ich eingeschlafen war. Ich dachte noch beim Einschlafen: "Hoffentlich geht es mit dem Kind gut."

L. und Ss. singen gemeinsam die 2. Strophe des Liedes "Die Weihnachtsgeschichte"

In dieser Nacht brachte ich mein Kind zur Welt, auf Heu und Stroh. Ich war froh und glücklich und hielt es ganz fest. Dann legten wir es in die Futterkrippe, damit es schön warm hatte. Wir schauten es an und freuten uns.

Eines Nachts standen plötzlich ein paar Hirten im Stall. Ich wunderte mich und fragte: "Woher kommt ihr denn hier mitten in der Nacht?" Und sie erzählten: "Wir wollten uns gerade schlafen legen, als es auf einmal ganz hell wurde, so hell wie am Tag. In die Mitte dieses Lichtes trat ein Bote und sprach: 'Fürchtet euch nicht! Siehe, ich verkündige euch große Freude, die Gott allen Menschen schenken will. Denn heute ist in Bethlehem der Retter geboren, der Erlöser, auf den ihr wartet. Und daran werdet ihr ihn erkennen: Ihr findet das Kind in Windeln gewickelt und in einer Krippe liegen!' Dann kamen von allen Seiten Engel herbei und sangen: 'Ehre sei Gott in der Höhe und Friede auf Erden für alle Menschen, die Frieden wollen und gerecht sind!'" erzählte ein anderer Hirte. Der erste Hirte noch: "Als der Gesang verklungen war, verlosch auch das Licht, und es wurde wieder dunkel. Wir machten uns sofort auf den Weg, unseren Retter zu suchen, und hier sind wir!"

Es fiel mir auf, daß einer der Hirten seinen Blick gar nicht von dem Kind abwenden konnte. "Du hast großes Glück erfahren. Gott segne dich und das Kind und schenke euch ein langes Leben!" sagte er. Ich sah ihn an und lächelte. Da wurde der Mann plötzlich ganz traurig. "Gott gebe dir Kraft", murmelte er. "Du wirst durch dieses Kind viel Leid erfahren." "Was sagst du da?" riefen die anderen ärgerlich. "Dies ist eine Nacht der Freude. Der Retter ist geboren. Komm mit, wir wollen es allen erzählen!" Und sie verschwanden in der Nacht. Ich merkte mir alles, war sie gesagt hatten, und schloß es in meinem Herzen ein.

L. und Ss. singen gemeinsam die 3. und 4. Strophe des Liedes "Die Weihnachtsgeschichte".

Später kamen noch drei vornehm gekleidete Männer. "Wir kommen von weit her, um den neugeborenen König zu begrüßen", sagten sie. Es waren Sterndeuter. Sie ließen keinen Blick von meinem Kind, das ich auf dem Arm trug. Plötzlich knieten sie auch nieder und beteten das Kind an. Sie packten Geschenke aus - Gold, Gewürze und kostbare Öle. Als sie alles ausgebreitet hatten, verbeugten sie sich ehrfürchtig und gingen wieder weg. Wir standen verdutzt da und staunten. Wer waren diese Männer? Wir betrachteten die Geschenke, die den armseligen Stall mit Glanz und Wohlgeruch erfüllten. "Sie haben unserem Kind Königsgeschenke gebracht." Da fielen mir wieder die Worte des Engels ein: "Er wird groß und mächtig sein wie ein König, und sein Königreich wird niemals aufhören." Ich schaute auf mein Kind herab, und auf einmal schien mir, als wäre es zu schwer für meine schwachen Arme.

L. und Ss. singen gemeinsam die 5. Strophe des Liedes "Die Weihnachtsgeschichte"   *Eva Schwartz*

Stationen der Passion Jesu

Zur äußeren Dramatik der Passion gesellt sich - während die Kinder den Stationen der Passion folgen und gleichzeitig anteilig und mit Anteilnahme gestalten - die innere Dramatik eines Kinofilmes, der Äußeres und Äußerliches abblendet.

Intentionen

- Die Kinder gestalten in einzelnen Schritten die Auseinandersetzungen um die Person Jesu, die in Jerusalem ihren Höhepunkt erreichen.
- Sie folgen im einzelnen den Stationen der Gefangennahme, Verurteilung und Kreuzigung.
- Sie erleben mit, wie Jesus von allen Freunden im Stich gelassen wird, versetzen sich in die Lage der Jünger nach der Kreuzigung und spüren etwas von dem Erlebnis der Auferstehung.

Materialien

- eine leere "Schubladen"-schachtel (z. B. Toffifee)
- Tonpapierstreifen (z. B. 160 x 10 cm), unterteilt in 10 Felder
- Kopiervorlagen
- Buntstifte
- Kleber
- Österliches Geschenkpapier

Bastelanleitung

Die Kinder erarbeiten sukzessive die Stationen der Passion Jesu. Dabei gestalten sie frei oder arbeiten mit den Vorschlägen der Kopiervorlage.

Die fertigen Bilder kleben sie auf den Tonpapierstreifen, falten diesen wie eine Ziehharmonika und kleben das letzte Stationsbild in den Deckel ein. Eine Lasche am Kinoanfang erleichtert das Herausziehen.

Die Schachtel wird außen mit österlichem Geschenkpapier beklebt, den Titel des Kinostreifens schreiben die Kinder auf den Rand der Schublade.

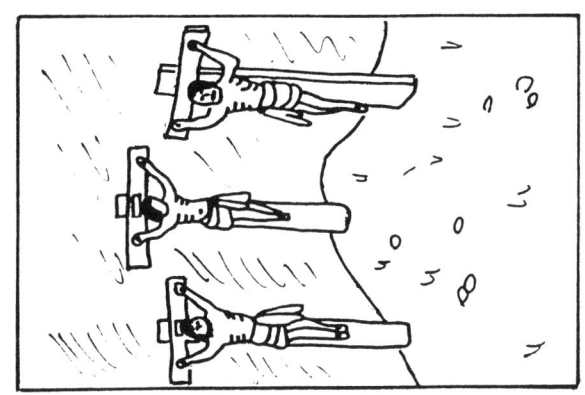
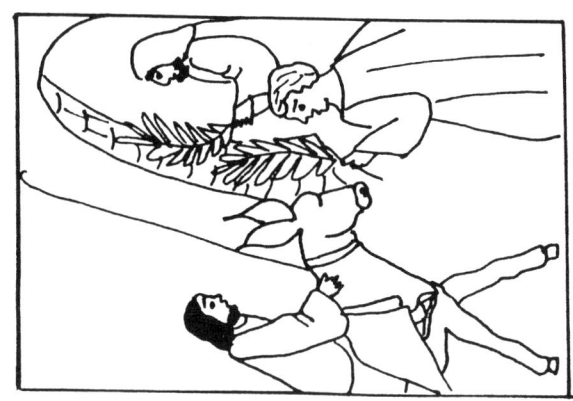

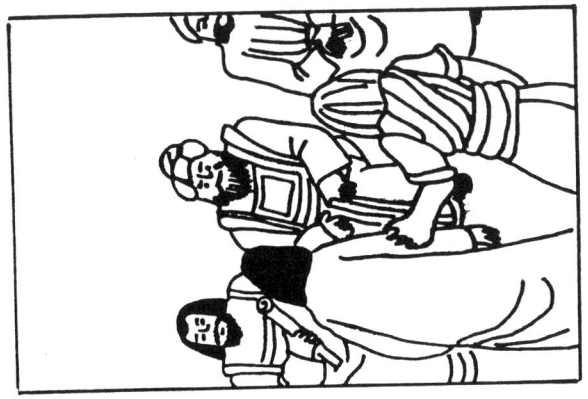

Szenen aus der Passion
(Bastelarbeit für Lehrpersonen und Kinder)

Voraussetzung für eine Aktualisierung der Passionsgeschichte ist eine gründliche Wiederholung und Rekonstruktion. Je spielerischer und selbsttätiger dies durch die Kinder selbst geschieht, desto mehr Lust bleibt zu fragen, welche Kraft Menschen von heute aus der Passion Jesu ziehen.
Bei der Bildzerlegung und Rekonstruktion tauchen von selbst Fragen auf: Was hat Jesus damals gelitten? Wie leiden heute Menschen (mit Jesus)? Wer gehört zu ihm? Wer braucht ihn? Wer kommt ohne ihn aus?

Intentionen
- Die Kinder sollen das Passionsgeschehen in einem Legespiel rekonstruieren.
- Sie sollen dabei beachten, wie damaliges Leiden und Kreuzigung zu Leiden und Hoffen heute passen.

Materialien
- modernes Farbbild von Mila Grosch "Abendmahl unter dem Strohdach"
- Pappe
- Kleber
- Schere
- Klebefolie

Bastelanleitung
Die Kinder kleben die Stationskärtchen auf Pappe; auf deren Rückseite wird das Farbbild aufgezogen. Mit Folie werden Vorder- und Rückseite beklebt; anschließend schneiden die Kinder die Stationskärtchen aus.
In der Kindergruppe wird nun gemeinsam über die richtige Reihenfolge diskutiert. Ein Rasterblatt unterstützt das Anlegen. Bei richtiger Wahl erscheint wieder das Abendmahl unter dem Strohdach.

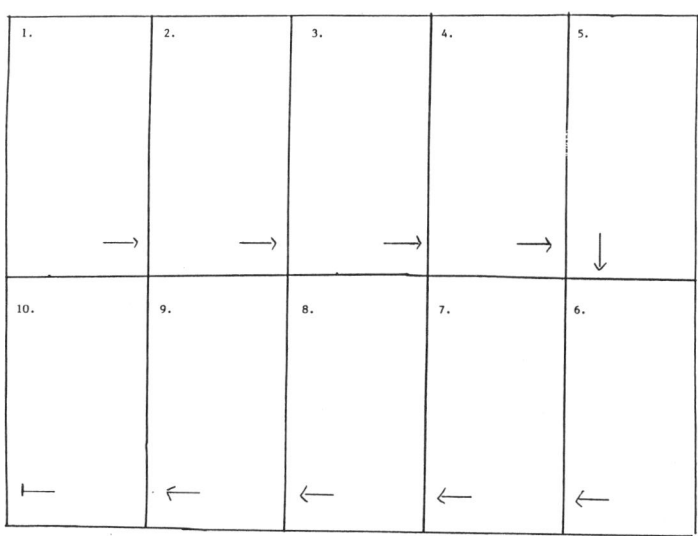

Jesus zieht in Jerusalem ein. ↓	Wo zwei oder drei in meinem Namen versammelt sind, da bin ich mitten unter ihnen ↑
Jesus feiert mit seinen Freunden Abendmahl. ↓	Die Frauen finden das leere Grab. ↑
Jesus betet im Garten Getsemane. ↓	Jesus stirbt am Kreuz. ↑
Jesus wird verraten. ↓	Jesus auf dem Weg zum Berg Golgota. ↑
Jesus wird verhaftet. →	→ Jesus wird vom Hohen Rat verurteilt.

Passion und Ostern

Wie leicht Spielen und Basteln ineinander übergehen, zeigen einfache, selbstgebastelte Partnerspiele. Aber auch freies und offenes Arbeiten können so zum Zuge kommen.
Das Beispiel ist leicht übertragbar auf andere klassische Themen des Religionsunterrichts in der Grundschule.

Intentionen
- Die Kinder sammeln und fragen Grundwissen zum Thema Passion und Ostern selbsttätig, frei und offen arbeitend ab.
- Sie kontrollieren sich dabei (spielerisch) gegenseitig und spornen sich an, mehr zu wissen und die Anforderungen an die Partner zu erhöhen bzw. zu erniedrigen.

Materialien
- Blanko-Vorlagen mit Rahmen und Linien
- Schreibmaschinen
- Bildmaterial zum Thema

Bastelanleitung
Die Kinder arbeiten als Paare. Sie formulieren ca. 10 Fragen und treffende Antworten. Danach übertragen sie ihre Ideen auf die Kopiervorlage. Dabei achten sie darauf, daß Frage 1 auf Seite A, Antwort 1 aber auf Seite B notiert wird.
Nach Fertigstellung tauschen die Kinder die Aufstellspiele untereinander aus und spielen: P 1 hat zunächst eine Frage, die er beantworten muß. P 2 kann dabei auf seiner Seite die Richtigkeit der Antwort überprüfen. Nun muß er eine Frage/Antwort bewältigen.

10. Sie erinnern an das neue Leben.
9. Wie heißt der Ort, zu dem 2 enttäuschte Jünger nach Jesu Tod gehen?
8. Jesus lebt!
7. Was feiern wir Christen an Ostern?
6. Wir werden an die Kreuzigung Jesu erinnert.
5. Welcher Jünger schämte sich, weil er Jesus verleugnet hatte?
4. Es war das Passafest.
3. Wodurch verriet Judas seinen Freund Jesus an die Soldaten?
2. Er feiert mit ihnen das Abendmahl.
1. An welches Ereignis soll der Palmsonntag erinnern?

PASSION und OSTERN

- -

PASSION und OSTERN

1. Er soll an den Einzug Jesu in Jerusalem erinnern.

2. Was feiert Jesus abends nach dem Einzug in Jerusalem mit seinen Jüngern?

3. Er gab ihm einen Kuß.

4. Welches Fest wurde in Jerusalem gerade begangen, als Jesus gefangengenommen und verurteilt wurde?

5. Es war Petrus.

6. An welches Ereignis werden wir am Karfreitag erinnert?

7. Wir feiern die Auferstehung Jesu.

8. Was sagen die Frauen nach ihrer Rückkehr vom leeren Grab?

9. Der Ort heißt Emmaus.

10. Warum schenken wir uns an Ostern bemalte Eier und Schokoladenhasen?

10.
9.
8.
7.
6.
5.
4.
3.
2.
1.

P A S S I O N und O S T E R N

P A S S I O N und O S T E R N

1.
2.
3.
4.
5.
6.
7.
8.
9.
10.

Eine freudige Nachricht breitet sich aus

Untrennbar verbunden mit Ostern scheint das Osterei zu sein. Eine neue Interpretation des Osterbrauchtums, die zum Kern der christlichen Osterbotschaft führen kann, bietet das Bilderbuch von Willi Fährmann und Peter König "Wie aus dem Ei das Osterei wurde" (Echter, Würzburg, 1990). Der Bastelvorschlag nimmt die Hauptaussage des Bilderbuches auf: Vor den Augen des römischen Kaisers Maxentius (Gegenspieler Konstantins) ereignet sich ein Wunder. Aus einem scheinbar toten Ei kommt neues Leben. Das Entenküken bricht mit seinem Schnabel eines kleines Loch in die Eierschale.

Intentionen
- Die Kinder stellen Verbindungen her zwischen Osterbrauchtum und Osterbotschaft.
- Sie unterscheiden den Kern der Osterbotschaft von Osterbräuchen.
- Sie erkennen in ihrer Bastelarbeit einen sachgemäßen Hinweis auf die Osterbotschaft.

Materialien
- Weißes Tonpapier
- Holzspatel
- Gelber Filz

Bastelanleitung
Aus weißem Tonpapier schneiden die Kinder zwei Eihälften aus, die sie entlang der Markierung am Rand entlang zusammenkleben. Die beiden Kükenhälften, aus Tonpapier geschnitten, werden zusammengeklebt, mit gelbem Filz dekoriert und mit dem Holzspatel verklebt. Das Küken wird von oben ins Ei gesetzt.

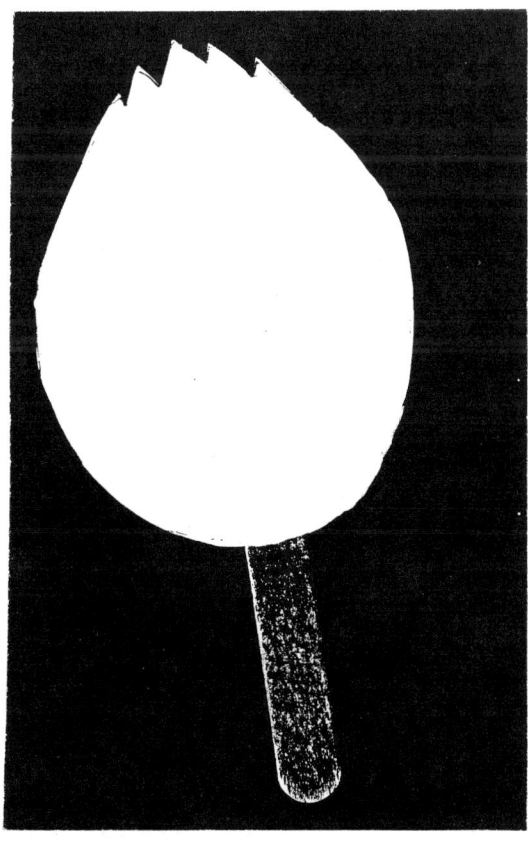

Eine freudige Nachricht breitet sich aus

kleben
kleben
kleben
kleben
kleben
kleben

Maria Magdalena eilt nach Jerusalem (Lukas 24, 1 - 11 par)

Oft wird vergessen oder übergangen, daß Frauen wie Maria Magdalena die ersten Osterzeuginnen waren und die Jünger aus ihrer Lethargie erst aufgeweckt haben. Eine farbenfrohe, österliche Komposition, in der Frauen im Mittelpunkt stehen, kann Abhilfe schaffen.
Am Beispiel Maria Magdalenas, die vom Tod Jesu als am nächsten Stehende betroffen war, kann an Erfahrungen des Verlustes eines geliebten Menschen angeknüpft werden. Es entsteht so die emotionale Basis zum Verständnis von Auferstehung als Hoffnung auf neues Leben, die aufbaut auf der Erzählung vom leeren Grab aus der Sicht der Maria Magdalena. Wenn die Kinder erarbeitet haben, wie Maria Magdalena und die anderen Frauen sich jetzt, angesichts der Auferstehung Jesu, fühlen und was sie unternehmen werden, können sie aus einem traurigen ein Osterbild (um-)gestalten.
Vorausgehen könnte die Betrachtung des Bildes von Gisela Harupa "Frauen am Grab".

Intentionen
- Die Kinder versetzen sich in die Lage der Frauen (vor allem der Maria Magdalena) nach der Kreuzigung Jesu.
- Sie empfinden die Gefühle der Frauen nach dem Tode Jesu und bei seiner Auferstehung in Farben und Gesichtsausdruck nach und drücken sie kontrapunktisch aus.
- Sie können verstehen, daß Hoffnung und Mut durch die Auferstehung Jesu bei den Jüngerinnen, Jüngern und bei uns aufkeimt.

Materialien
- Kopiervorlage der Landschaft
- Figuren "Frauen" und "Jünger" als Schablonen
- Fotokarton
- Stoffreste

Bastelanleitung
In arbeitsteiliger Gruppenarbeit bekleben die Kinder die handelnden Personen, malen den passenden Gesichtsausdruck, gestalten auch diese Szene mit Stoffen aus und setzen die österliche Komposition zusammen.

Maria Magdalena trauert um Jesus

Heute lernen wir Maria kennen. Da der Name Maria damals sehr oft vorkam, heißt sie auch noch Magdalena, Maria aus Magdala.
Maria Magdalena kannte Jesus sehr gut. Sie war mit ihm befreundet. Sie war begeistert von ihm, denn er hat ihr sehr geholfen. Sie war seelisch krank gewesen. Sie hatte zwar keine körperlichen Schmerzen, aber sie war immer so traurig. Sie hatte keinen Lebensmut mehr und fand keinen Sinn mehr im Leben. Jesus hat sie geheilt. Er gab ihr neuen Mut, und sie bekam wieder Freude am Leben.
Jesus nahm Maria Magdalena, wie andere Frauen und Männer auch, mit sich, und sie zogen gemeinsam durch das Land, um anderen Menschen Hoffnung zu machen. Sie kamen dabei auch nach Jerusalem.
Aber jetzt war alles aus! In Jerusalem war das schreckliche Ende gekommen. Jesus war gefangen genommen worden und einen schrecklichen Tod gestorben. -
Wir begleiten heute Maria Magdalena auf dem Weg zum Grab Jesu, das in einen großen Felsblock hineingehauen war. Es war mit einem großen dicken Stein verschlossen. Sie geht ganz früh morgens los, damit sie niemand sieht. Es ist ja verboten, das Grab Jesu zu besuchen, weil er in den Augen der Römer ein Verbrecher war. Die Sonne dringt noch nicht durch das neblige Grau des gerade angebrochenen Tages. Zwei Frauen begleiten sie.

Ganz traurig sind ihre Gedanken wieder geworden. Mutlos will sie Jesus die letzte Ehre erweisen. In der Hand hält sie ein Gefäß mit Ölbalsam, mit dem sie den Leichnam Jesu einbalsamieren will. Mehr kann sie für ihn nicht mehr tun. Sie weiß, sie kann ihn nicht mehr lebendig machen. Sie überlegt schon, wie sie den großen runden Stein vor dem Grab entfernen könnte, um in das Grab zu kommen. So dunkel wie in dem Grab, so finster ist es auch innen in ihr. So schwer wie der Stein liegt auch der Kummer auf ihrem Herzen. Alle ihre Hoffnungen sind dort begraben. Sie weint. Wie soll es weitergehen? Sie fürchtet sich vor der alten schlimmen Traurigkeit. Sie bemerkt nicht, daß der schwere Stein schon weggewälzt ist.

Die Wende

Jetzt sind die Frauen am Grab angekommen. Wie vom Schlag getroffen bleiben sie stehen: Der Stein ist weggewälzt. Maria Magdalena nimmt all ihren Mut zusammen und geht in die Grabkammer hinein. Sie erstarrt. Wo ist der Leichnam? Er lag doch genau an der Stelle, wo sie jetzt steht. Sie sucht verzweifelt nach Spuren. Plötzlich hört sie eine Stimme: "Du suchst deinen Freund Jesus. Er ist nicht hier, er ist auferstanden. Geh zu den Jüngern und berichte ihnen, daß er auferstanden ist von den Toten, und daß sie ihn auch bald sehen werden."
Maria Magdalena kann nicht fassen, was sie da eben gehört hat. Langsam und wie betäubt verläßt sie das Grab. Die beiden anderen Frauen wundern sich, warum Maria Magdalena so blaß ist und fragen sie ängstlich, was passiert sei. Maria Magdalena erzählt ihnen, was sie erlebt hat.
Die drei Frauen stehen noch eine Weile schweigend und verständnislos da, bis Maria Magdalena ausruft: "Ja versteht ihr denn nicht, Jesus ist nicht mehr tot. Gott hat ihn aufgeweckt. Das müssen wir unbedingt den Jüngern erzählen!"
Schnell machen sich die Frauen auf den Weg in Richtung Jerusalem.

Eva Schwartz

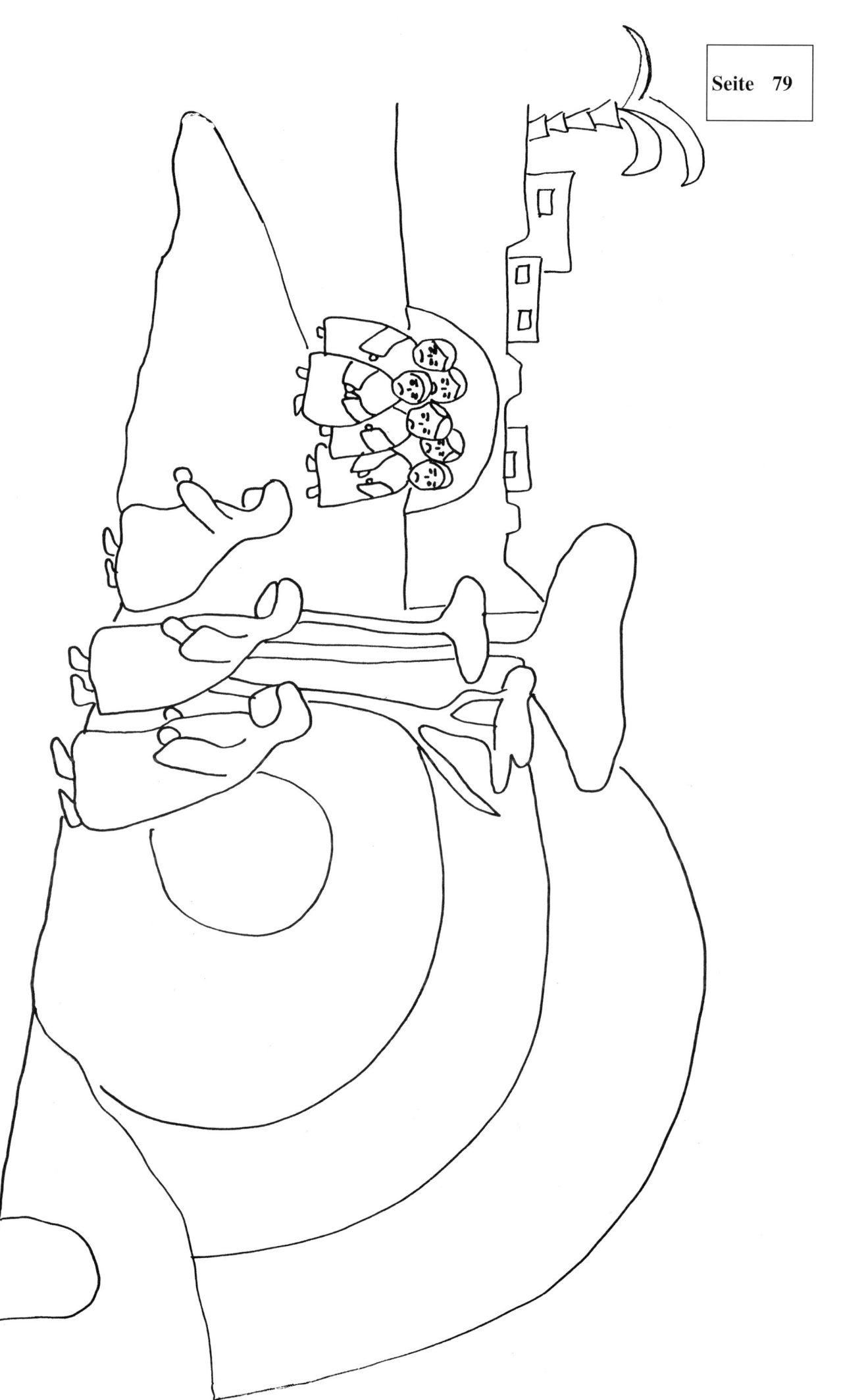

Meditationsrad des Niklaus von Flüe

Ein Anlaß, mit Kindern zu meditieren, könnte meditative Musik (z. B. Taizé, Chanter ensemble, Adoramus Deum) sein, die in die Stille führt.

Analog zu Erläuterungen der Lehrperson über das Meditieren können die Kinder das Meditationsrad des Niklaus von Flüe basteln, das über das Stillewerden und das Sich-Konzentrieren auf einen Punkt auf einen christlichen Inhalt der Meditation hinleitet und auch Gebetscharakter annehmen kann.

Anleitung zur Meditation

Die Kraft, von der alles Leben kommt, können wir in uns finden.
Atme ein paarmal langsam und ruhig durch. Betone dabei das Ausatmen.
Schaue jetzt das Radbild an.
Versuche mit den Strahlen in die Mitte des Bildes hineinzugehen. Atme dabei tief aus.
Verweile ein wenig in der Mitte und halte dabei den Atem kurz an.
Steige aus der Mitte heraus, wie die Strahlen, die zum äußeren Kreis führen.
Atme dabei tief aus.
Betone vor allem das Ausatmen. Nimm dazu die Worte mit:
Ich gehe ein in die Mitte.
Ganz in mich hinein.
Diese Mitte in mir ist fest.
Sie gibt mir Kraft, alles Äußere anzunehmen.
Wiederhole diese Übung in deinem Atemrhythmus mehrmals.
Schließe die Augen und meditiere das Radbild mit den inneren Augen.

Intentionen

- Die Kinder sollen beim Basteln darauf aufmerksam werden, daß Christen sich auf Gott konzentrieren und sich in ihm bergen.
- Sie sollen dabei spüren, daß Christen so in Gott geborgen sind, daß ihre Hoffnung auf ihn über Tod und Sterben hinausgeht.

Materialien

- Fotokarton
- Transparentpapier
- Bastelmesser
- Schere
- Kleber
- Teelicht

Bastelanleitung

Die Kinder übertragen die Kopiervorlage auf die Rückseite des Fotokartons. Sie schneiden die Umrisse des Strahlenkranzes aus und unterkleben die Arbeit mit farbigem Transparentpapier. Durch Abknicken der Seitenteile erhalten sie ein Aufstellbild. Ein Teelicht läßt nun das Radbild erstrahlen. Für kleinere Kinder erzielt eine mit Wachskreide ausgemalte Kopie eine annähernd intensive Wirkung.

Mein Herr und
mein Gott,
gib alles mir,
was mich bringt
zu dir.

Mein Herr und
mein Gott,
nimm alles von
mir,
was mich hindert
zu dir.

Tod - Sterben-Auferstehung

Wie sollen so "abstrakte" Inhalte wie Tod, Sterben, Auferstehung in Bastelarbeiten konkretisiert werden? Gewiß, Todesbilder zu gestalten, ist nicht schwer. Ein Gang über den Friedhof regt an dazu, z. B. zur eigenen Gestaltung von Grabsymbolen oder Todesanzeigen.

Schwieriger wird es, den Kräften des Sterbens und Vergehens Zeichen des Lebens und der Auferstehung mutig entgegenzugestalten. Es sind und bleiben Protest-Bilder, die weniger Analogie in der Natur als vielmehr Protest auch gegen den Prozeß des Vergehens in der Natur beinhalten: Farbe gegen grau; Verwandlung gegen Verendung; Aufblühen gegen Vergehen...

Intentionen

- Die Lehrperson legt gegen Bilder des Vergehens, Sterbens, Verblühens Bilder des Lebens, Aufblühens, Lebens, Auferstehens auf/an.
- Sie bekennt sich damit dazu, daß Christen über Tod und Sterben auf neues Leben hoffen.
- Die Kinder folgen mit eigenen Bildern und Gegenbildern.

Materialien

- Bildpaare, die symbolhaft Tod, Leben und Auferstehung beinhalten
- Karton
- Kleber
- Klebefolie

Bastelanleitung

Der Lehrer/die Lehrerin sucht passende Bildpaare aus. Mit Unterstützung durch die Kinder kann das Spektrum im Rahmen der Unterrichtseinheit erweitert werden. Die Paare werden auf verschiedenfarbigen Karton geklebt. Die Kinder können nun an der Rückseite erkennen, ob es sich um ein "Todes-" oder um ein "Auferstehungsbild" handelt.

Mit Klebefolie wird das Spiel haltbar gemacht.

Ziel des Memory-Spiels ist es, den dunklen Kartons stets die hellen Hoffnungskarten zuzuordnen.

Himmelfahrt (Apg 1,7-12)

Himmelfahrt basteln? Unanschauliches anschaulich machen?
Betrachtet man die einzelnen Elemente der "Himmelfahrtserzählung", so geht das Element des Windes/der Bewegung durch alle anderen hindurch:
- Jesus spricht den Jüngern Mut zu, indem er ihnen göttliche **Kräfte** verspricht,
- er gibt ihnen den Auftrag, **überall in der Welt** von ihm zu erzählen,
- Jesus selbst **geht** zu Gott,
- Jesus **geht mit** den Jüngern, wenn sie seinen Auftrag ausführen.

Dieses "himmlische" Element der Bewegung zu gestalten, ist - mit kleinen Tricks - möglich!

Intentionen
- Die Kinder versuchen, das Element der Bewegung zwischen Gehen und Kommen, Außen und Innen, Oben und Unten in einer Doppelspirale zu gestalten.
- Durch den kleinsten Atemhauch versetzen sie die Himmelsspirale in ein perpetuum mobile und denken nach über "Himmel-fahrt".

Materialien
- Tonpapier
- Schere
- Faden
- Fasermaler (Goldstifte)
- Kinder(paß)foto

Bastelanleitung
Die Kinder schneiden aus hellem Tonpapier nach Vorlage zwei Spiralen zurecht. Diese werden im Zentrum in gegenläufiger Windung verklebt. Das Foto des Bastlers wird nun in dieses Zentrum geklebt. Die beiden Spiralen werden mit den Liedtexten "Weißt du, wo der Himmel ist" (Strophe 1) und "Der Himmel geht über allen auf" beschriftet.
Die Spirale wird aufgehängt und ist immer in Bewegung.

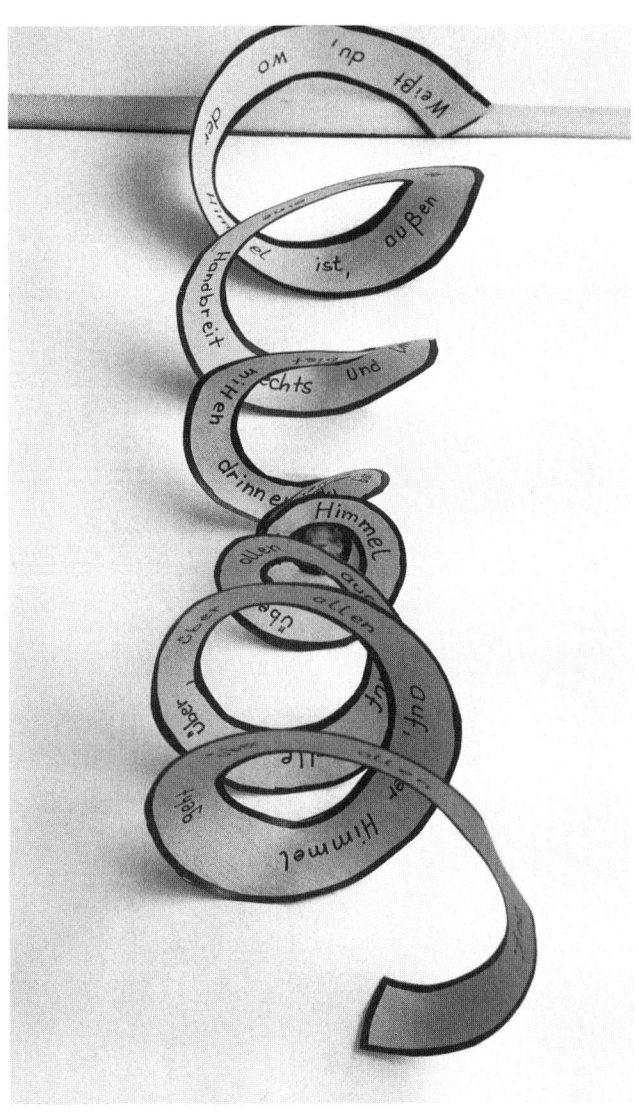

Spirale 3

Spirale 1

Spirale 1:
Der Himmel geht über allen auf, auf, auf, der Himmel geht über allen, über allen auf.

Spirale 2:
Weißt du, wo der Himmel ist, außen oder innen? Eine Handbreit rechts und links. Du bist mitten drinnen. Du bist mitten drinnen, innen oder außen ist.

Pfingsten (Apg 2)

Eine nicht wahrnehmbare, aber wirksame Kraft drückt den göttlichen Heiligen Geist aus. Sie verwandelt die Jünger auf geheimnisvolle Weise.

Intention
Die Kinder entdecken ein unscheinbares Fest wieder, indem sie eine Pfingstrose gestalten, **sich öffnen lassen** und so ein zentrales Bildwort zum Pfingstgeschehen umsetzen.

Materialien

- Schreibmaschinenpapier
- Schere
- Stift

Bastelanleitung
Die Kinder schneiden die Blütenblätter zur gestrichelten Linie hin aus und knicken sie dort nach innen um. In den Blütenboden schreiben sie einen Pfingstwunsch, etwa im Sinne des Liedes "Alle Knospen springen auf".
Sie setzen ihre Pfingstrose vorsichtig in eine Schale mit Wasser. Die Rose öffnet sich.

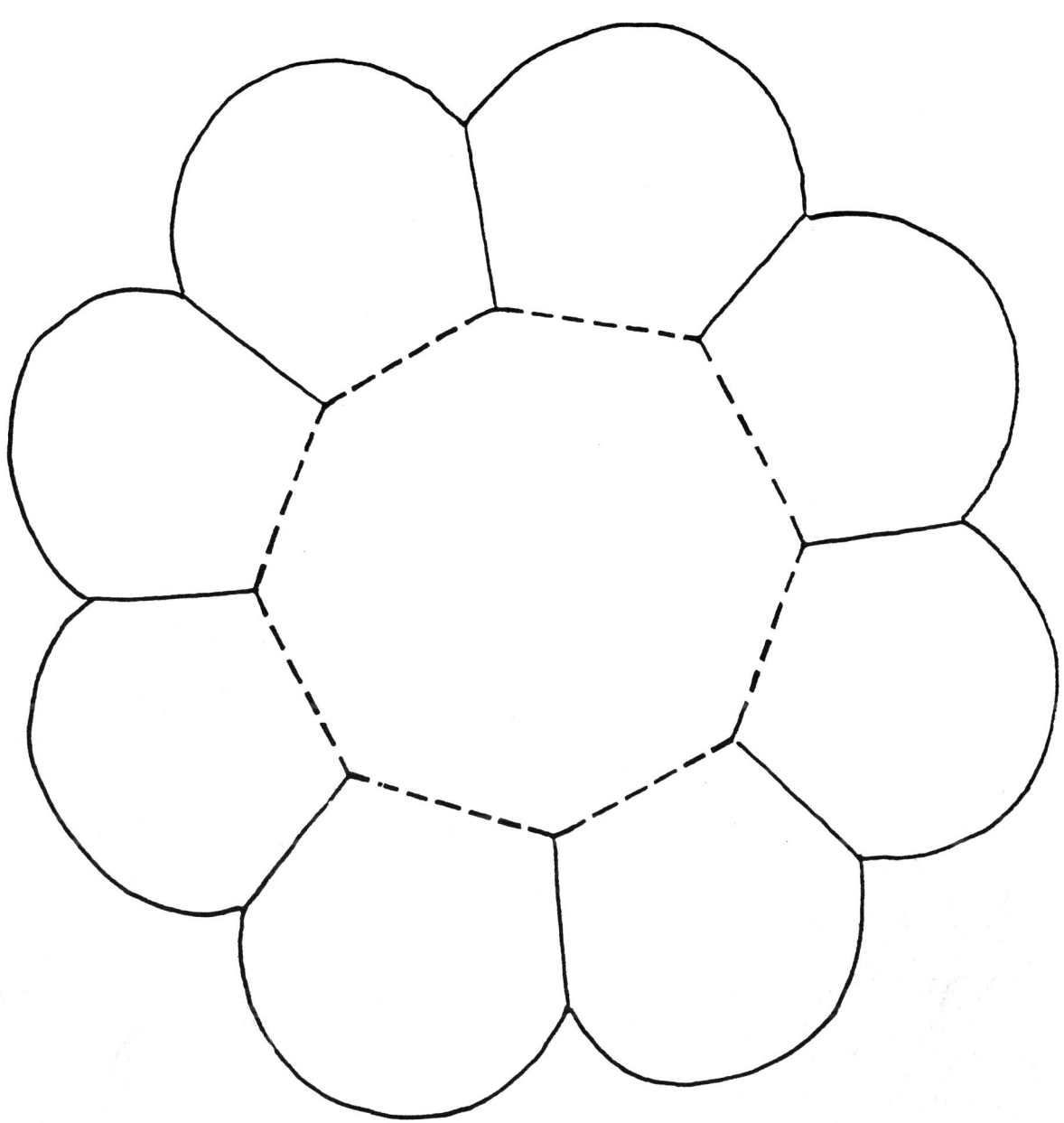

Friedenstaube als Pfingstgruß

Wenn die Pfingstrose zu mitteleuropäisch, zu wenig geistlich erscheint, vielleicht auch zu vergänglich und anfällig, kann eine feste Klappkarte als Pfingstgruß gestaltet und zu Hause auf den Pfingsttisch gestellt werden.

Materialien
- Kopiervorlage
- Holzfarbstifte
- Schere

Bastelanleitung
Die Kinder malen die Kopiervorlage an. Sie schneiden den Taubenkörper entlang der gepunkteten Linie aus. Sie falten die Karte in der Mitte, knicken die Flügel nach außen, den Kopf nach innen.

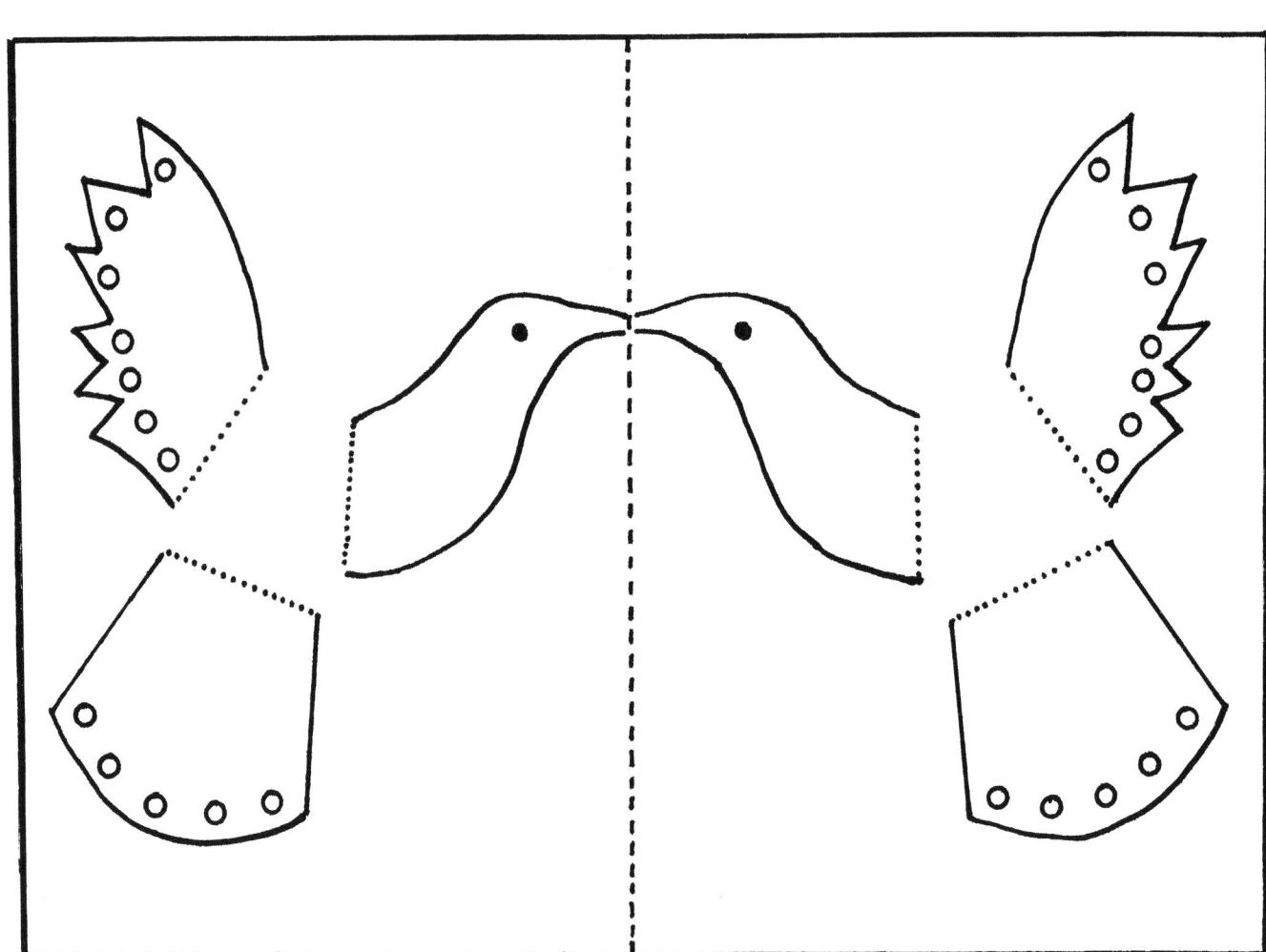

Wir denken nach über das Leid

Eine jammernde und weinende Giraffe - wohin soll sie ihren Kopf hängen lassen? Wer soll ihr die Tränen abwischen? Was kann eine Giraffe froh machen? Eine Spielgefährtin muß herbeigezaubert werden! Sie fallen sich um den Hals. Nun ist alles wieder gut!

Intentionen
- Die Kinder entwickeln Spaß daran, zwei Giraffen zu basteln. Wohin mit dem Hals/den Hälsen?
- Sie empfinden eigenes Leid mit der weinenden Giraffe.
- Sie sprechen dabei über ihre eigenen Leiderfahrungen und trösten sich gegenseitig.
- Beim Verwickeln der Hälse geraten die Kinder außer sich vor Freude.

Materialien
- Kopiervorlagen
- Tonpapiere in beige, braun und rotbraun
- Kleber
- Schere

Bastelanleitung
Die Kindergruppe hat den Film "Warum weint die Giraffe?" (FWU Nr. 32 02060) angesehen. Die traurige Giraffe und die frohen Giraffen gestalten sie in Gruppenarbeit nach. Vorgegeben sind die Umrisse der Tiere, mit Dreiecken werden sie ausgestaltet.

Intentionen

- Die Kinder erzählen Erlebnisse und drücken ihre Fähigkeit, sich zu freuen, zu danken,...in der Gestaltung eines Würfels und beim Spielen mit dem Würfel aus.
- Dabei entdecken sie, daß sie Freude durch Dinge und durch Menschen ihrer Umgebung erfahren.
- Sie spüren auch, daß man froh werden kann, wenn man anderen eine Freude bereitet.

Bastelanleitung

Der Würfel wird von den Kindern nach der Anleitung des Segenswürfels Seite 20f erstellt.

Der Hirtenjunge David (1 Samuel 17)

Gar nicht so gerne und bereitwillig sprechen Kinder bisweilen über ihre Ängste. Es hilft ihnen dabei, wenn ihnen eine(r) hilft, auszudrücken, wie es ist, wenn eine(r) groß und stark ist, und was einer spürt, wenn er winzig und schwach ist. Wenn "der(die)jenige" auch noch Mut machen kann, sich Gott anzuvertrauen, verringern sich dabei vielleicht die eigenen Ängste.

Intentionen
- Die Kinder versetzen sich in Davids Lage gegenüber Goliath und lassen ihn als Finger- oder Handpuppe aus seinem Leben, von seinen Ängsten und von seinem Mut erzählen.
- Sie verringern ihre Ängste zusätzlich, wenn sie den Winzling David Goliath gegenüberstel len, den sie so groß wie die Tür auf Papier aufgemalt und auf die Tür geklebt haben.

Materialien
- Kopiervorlage
- Buntstifte
- Schere
- Kleber

Bastelanleitung
Die Kinder malen die Figur an. Sie klappen die schraffierten Rechtecke nach hinten und bestreichen sie mit Klebstoff. Sie kleben die zweite Davidhälfte daran fest.
Nun kann die Puppe auf den Finger gesteckt werden, die Unterhaltung mit David beginnt.

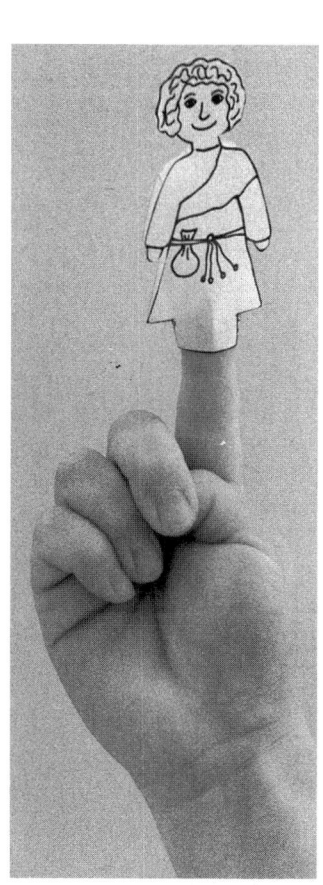

Wir besuchen Kinder in anderen Ländern

Vögel basteln ist nicht schwer, außerdem bunt und lustig. Ein gemischter Gesang entsteht, wenn alle nacheinander oder durcheinander singen. So ähnlich ist es, wenn Kinder aus den verschiedensten Ländern zusammenkommen und miteinander spielen. Nur, wenn jeder für sich allein der schönste, größte Sänger sein will, geht's schief - und so klingt es dann auch.
Zu den Vögeln (Kindern) aus anderen Ländern gehört ein Bilderbuch aus Afrika, das der Lehrer/die Lehrerin vorliest, während die Kinder basteln: Kobna Anan, Das Lied der bunten Vögel, Verlag Fischer Druck, Münsingen-Bern.

Intention
Die Kinder merken, daß es nicht gut ist, nur an sich selbst zu denken, sondern gemeinsam sich zu freuen, einander zu unterstützen und zueinander zu kommen.

Materialien
- Tonpapier (grün, gelb, blau, rot, weiß)
- Schuhkartondeckel (blau angemalt)
- kleiner Zweig
- Schere
- Klebstoff

Bastelanleitung
Die Kinder kleben den Zweig in das Deckelinnere.
Nun basteln sie die bunten Vögel: Sie schneiden drei (1,5 cm breite), gleichfarbige Tonpapierstreifen zurecht.
Kopflänge: 10 cm
Flügellänge: 10 cm
Körperlänge: 30 cm
Sie kleben die Teile analog zur Zeichnung zusammen.
Jetzt werden die Vögel an den Zweig gehängt. Ob sie auch singen können?

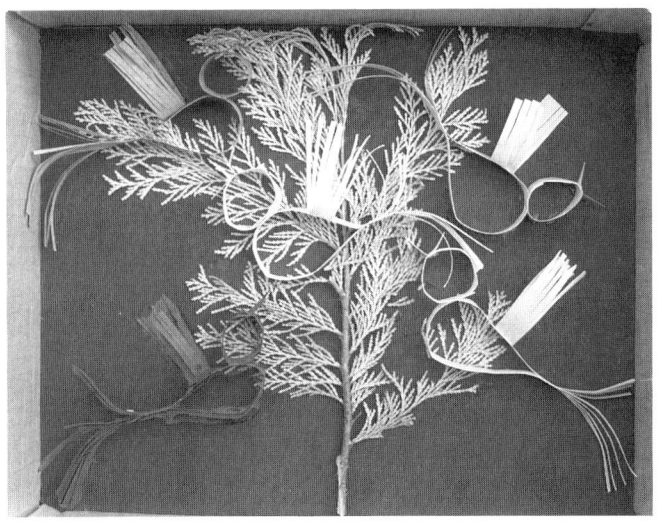 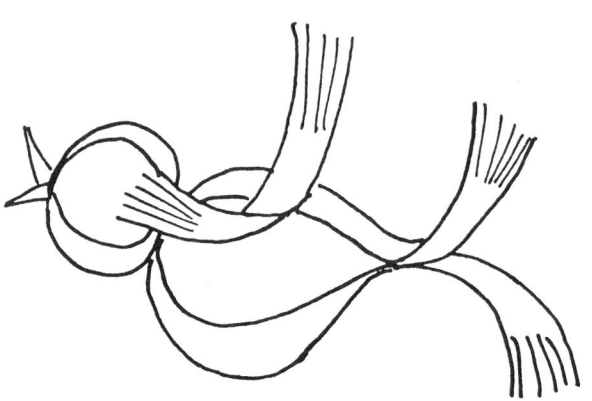

Auch eine zottig-häßliche Strumpfhandpuppe kann liebenswert sein, wenn sie einem selbst gehört und vor allem, wenn man sie selbst geschaffen und gebastelt hat und sie damit auch ein Stück von einem selbst ist. Im Grunde wird es sich so verhalten, wenn Kinder Kinder, die anders sind als sie selbst, z. B. Behinderte und ihre Schicksalsgewebe, kennenlernen und sich bemühen, damit zurechtzukommen.

Einfach, grob gestrickt, evtl. mit Webfehlern versehen sein - macht erst deutlich, wie wichtig Anerkennung und Zuwendung für jeden einzelnen sind.

Intention

Die Kinder lernen ihre eigenen "Geschöpfe" so lieben, wie sie selbst angenommen sein möchten und bereit sind, Außenseiter in ihre Gemeinschaft mit aufzunehmen.

Materialien

- Strumpf
- bunte Wollreste
- 2 Knöpfe
- Fotokarton
- Nadel
- Faden
- Schere
- Klebstoff
- Stifte

Bastelanleitung

Die Spitze des Strumpfes wird mit der Schere abgeschnitten. Aus dem Fotokarton wird eine Scheibe von ca. 8 cm Durchmesser geschnitten, die an der nunmehr offenen Zehenspitze mit Nadel und Faden befestigt wird (oder mit Klebstoff angeklebt wird). Die Scheibe wird jetzt in der Mitte nach innen gefaltet.

Anschließend schneidet man die bunte Wolle in 10 - 15 cm lange Stücke. Diese werden in der Mitte zusammengebunden und an die Ferse des Strumpfes als Haare angenäht.

Zwei Knöpfe werden die Augen. Sie werden an der Strumpfsohle angenäht.

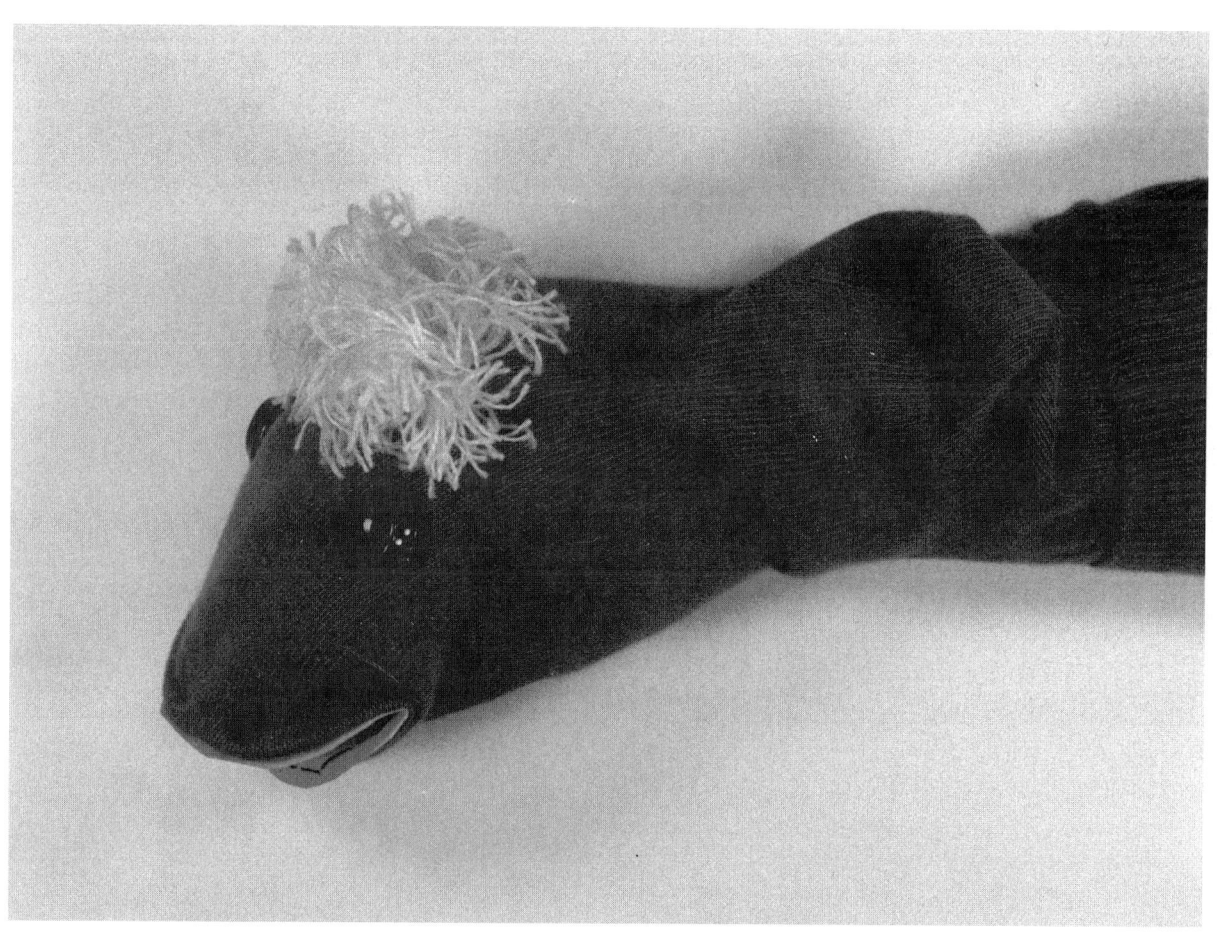

Fühlbilder aus Schmirgelpapier
Blinde sehen

An den Lebensumständen der taubblinden Helen Keller (vgl. Marchon, Helen lernt leben) kann man ablesen, was einem Menschen fehlt, dem man nichts sagen oder zeigen kann, der nicht sieht, daß der Himmel blau ist, und wie die Tiere herumlaufen...
Am Beispiel der Helen Keller können wir nachfühlen, was es bedeutet, runde und eckige, harte und weiche Gegenstände abzutasten, um zu begreifen, daß alles einen Namen hat. Es genügt, sich nach vorne zu tasten - mit Schmirgelpapier oder Sand. Dann gehen uns die Augen von selber auf!

Materialien
- grobes Schmirgelpapier
- Schere
oder:
- Papier
- Kleber
- trockener Sand

Bastelanleitung
Die Kinder zeichnen auf der Rückseite des Schmirgelpapiers ihren Vornamen auf. Damit dies auch seitenverkehrt gelingt, benutzen sie das Alphabet der Kopiervorlage. Sie schneiden die Einzelbuchstaben aus. Mit den Fingerkuppen versuchen sie, ihre Namen auf der Schmirgelseite gegenseitig zu erfühlen.
Oder:
Mit Klebstoff malen sie große Druckbuchstaben auf Papier, bestreuen diese mit Sand und fixieren sie mit Haarspray. In Partnerarbeit ertasten sie die Wörter.

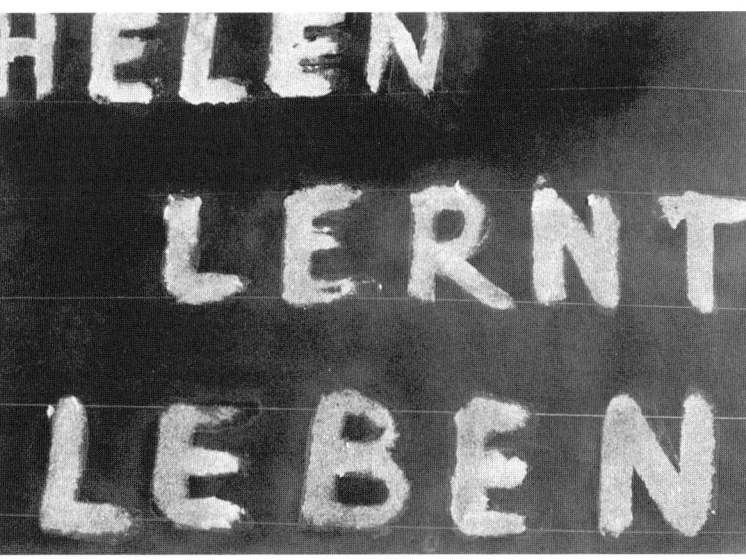

NNXXYYZ ÄÖÜÆŒ¨

2222TTTTTLLLLQQQ

NNOOOoobbbBBBBB'¸

II?KTTTTΓΓMMMMMM

EEEEEEEEccHHHHIII'·

AAAAABBBCCCDDEI'·

Wünsche und Träume - Ich und die anderen

Ein Mobile bleibt in Bewegung, unsere Wünsche und Träume auch. Wir spüren es, wenn wir unsere Wünsche und Träume festmachen und nach 1, 2, 3 Jahren noch einmal nachdenken. Was hat sich (so schnell) geändert?

Intentionen
- Die Kinder hängen ihre Wünsche und Träume für ihre Zukunft auf.
- Sie unterscheiden von Zeit zu Zeit zunehmend zwischen egoistischen Wünschen und Zukunftsentwürfen, die auch Kinder und Menschen mit einbeziehen und gerade so Zufriedenheit schenken.

Materialien
- farbige Tonpapiere
- Ast
- Schere
- Faden
- Buntstifte

Bastelanleitung
Die Kinder berichten von ihren Wünschen, Träumen und Erwartungen. Es sind Früchte, die noch reifen müssen. Daher werden sie auf ausgeschnittene Früchte notiert und an einen kräftigen Ast gehängt.
Im Laufe der Grundschulzeit wird so manche Frucht reif und kann gepflückt werden, einige Früchte werden aber sicherlich hinzukommen.

Gemeinsam meistern wir das Leben

Im Zusammenleben von jung und alt kommt es naturgemäß zu Spannungen und Auseinandersetzungen: Die Alten wollen ihre Erfahrungen und Zuneigungen beherzigt wissen, die Jungen
ihre Fehler selber machen.
Im Zusammenspiel können sich positive Eigenschaften verstärken und negative über-
spielt/über-gangen werden.

Materialien
- Textvorlage "Kai-to, der Elefant, der sang" (G. Ruck-Pauquèt)
- farbiger Karton
- Kopiervorlage
- Schere
- Klebstoff

Bastelanleitung
Der alte Leitelefant jagt den jungen Kai-to fort. Kai-to hat gute Augen, der Leitelefant ist erfahren; deshalb führen sie die Herde - nachdem alle zur Vernunft gekommen sind - gemeinsam. Die Kinder kleben den Leitelefanten und Kai-to auf farbigen Karton, schneiden sie aus
und fügen sie zusammen.

Der Elefant, der sang

Der Elefant hieß Kai-to. Er war winzig klein und stand unter dem Bauch seiner Mutter. Die Gräser sah er, die Blumen und die Füße der anderen Elefanten. Das war seine Welt.

Aber er war anders als die anderen Elefanten. Er sang.

"Psst!" zischte die Mutter. "Sei still! Elefanten singen nicht!"

Da sperrte Kai-to das Lied in sich ein und schwieg.

Doch eingesperrte Lieder wollen frei sein. Als Kai-to größer wurde, trat er unter dem Bauch seiner Mutter hervor. Den Himmel sah er und den geheimnisvollen Urwald mit seinen Tieren.

Da konnte Kai-to nicht länger still sein. Er hob die Stimme und sang.

"Ruhe!" brüllte die Elefantenherde. "Noch nie hat ein Elefant gesungen! Wir können nicht dulden, daß du singst!"

Der Leitelefant hatte zum Glück nichts gemerkt. Er war schon alt und hörte nicht gut. Er sah übrigens auch nicht gut. Manchmal fiel er in ein Loch, und die ganze Herde stolperte hinterher. Aber sie folgte ihm trotzdem.

Tag für Tag zogen die Elefanten auf ihren Elefantenstraßen dahin. Der Leitelefant, der einen weißen Reiher auf dem Rücken trug, ging immer voraus. Sie tranken und fraßen und badeten. Und wenn sie untertauchten, hielten sie nur die Rüsselspitze über Wasser.

Kai-to aber sang. Unterwegs sang er, wenn sie rasteten, und manchmal sang er sogar mit vollem Mund. Einmal geschah es, daß er nachts im Traum sang. Da wurden alle alten Elefanten böse.

Die jungen Elefanten mochten Kai-to. Und sie mochten sein Lied.

"Sing!" riefen sie.

Und sie stellten sich im Kreis um ihn auf und lauschten.

Eines Tages jedoch hatte sich der Leitelefant die Ohren besonders gründlich gewaschen. Da hörte er Kai-tos Lied.

"Noch nie hat ein Elefant gesungen", sagte er. "Also ist es verboten!"

Und er jagte Kai-to fort. Wer aber einmal aus der Herde ausgestoßen ist, darf nie wieder zurückkehren.

Die Elefanten zogen weiter die Elefantenstraßen entlang. Sie tranken und fraßen und badeten. Kai-to folgte ihren Spuren. Manchmal sang er. Und wenn es auch traurig und zornig klang, so war es trotzdem sein Lied.

"Kai-to singt", sagten die jungen Elefanten.

Unruhe überkam sie. Sie klatschten mit ihren mächtigen Ohren und hoben die Rüssel gegen den Leitelefanten.

Die Alten aber taten, als merkten sie nichts. Sie stellten sich taub.

"Kai-to soll wiederkommen!" riefen die Jungen.

Drohend stellten sie sich dem Leitelefanten in den Weg.

"Wenn Kai-to nicht zurückkommt, gehen wir auch!"

"Das ist noch nie geschehen", sagte der Leitelefant.

"Denk nach!" riefen die anderen. "Es ist Zeit!"

Der Leitelefant hatte schon lange nicht mehr nachgedacht.

"Ich brauche Ruhe", bat er.

Aber die Affen in den Bäumen kreischten wie eh und je.

"Das ist alles noch nie geschehen", sagte der Leitelefant, "daß ein Elefant singt, daß man sich gegen mich stellt und daß ich denken muß."

"So geschieht dies alles zum erstenmal", sagten die Jungen. "Hol Kai-to zurück!"

"Ich würde gegen ein Elefantengesetz verstoßen."

"Und?" fragten die Jungen.

"Es ist ein altes Gesetz", sagte der Leitelefant.

"Wenn ein Gesetz alt ist, so muß es darum nicht gut sein", riefen die jungen Elefanten. "Hol Kai-to!"

Da fügte sich der Leitelefant, und er ging zu Kai-to. Kai-to aber, der sich bedroht fühlte, warf vorsichtshalber mit Kokosnüssen.

"Wir holen dich zurück!" schrieen seine Freunde. "Dich und dein Lied!"

Da freute sich Kai-to, denn es ist nicht gut, allein zu sein.

Als sie ihm einen Blumenkranz umhängen wollten, fraß er ihn auf.

"Ich bin nichts Besonderes", sagte er. "Ich bin nur jung, und ich singe."

"Jag ihn fort!" riefen seine Freunde und zeigten auf den Leitelefanten. "Ich habe Erfahrung", sagte der Leitelefant. "Ich weiß, wo die Wasserlöcher sind und vieles mehr."

"Wir wollen miteinander gehen", sagte Kai-to. "Du bist erfahren, und ich habe gute Augen."

So zogen sie los. Viele Reiher waren plötzlich am Himmel, und auf jeden Elefantenrücken setzte sich einer von ihnen.

Seit damals geschieht es öfter, daß Elefanten geboren werden, die unter dem Bauch der Mutter schon singen.

Gina Ruck-Pauquèt

Franz von Assisi

Das Leben des Franz von Assisi lädt zur szenischen Gestaltung ein, die einer Lehrererzählung folgt, die durch Bildszenen unterstützt wird:
- Franz gibt vor dem Bischof von Assisi seinem Vater die Kleidung zurück.
- Franz bittet um Almosen.
- Franz verteilt seine Habe unter die Armen.
- Die Krippenfeier von Greccio.
- Franz bittet die Vögel um Ruhe, damit er beten kann.
- Der heilige Franziskus betet auf Reisen das Stundengebet.
- Die Versuchung des Franz' durch den Teufel.
- Göttliches Licht geleitet die Brüder auf ihrer Reise durch die Nacht.

Erzählhilfe: Max Bolliger, Bruder Franz, Ravensburger TB 896

Intentionen
- Die Kinder vollziehen in einem Leporello nach, wie sich Franz von Assisi zum Friedensmacher entwickelt:

    Er macht Frieden mit Gott,

    er lernt die ganze Schöpfung neu sehen,

    er lobt den Schöpfer und preist seine Schöpfung und alle Friedensmacher.

Materialien
- Tonpapierstreifen
- Bildelemente (siehe Vorlagen)
- Farbstifte
- Kleber

Bastelanleitung
Die Kinder können zu allen Vorbildern, die sie im Religionsunterricht kennengelernt haben, ein Leporello herstellen. Neben der Freude, ein eigenes Buch zu produzieren, erarbeiten sich die Kinder eine Auflistung von Lebensdaten und Ereignissen wichtiger Mittler des Glaubens. Die Kinder bringen die Bilder/Szenen erst in die richtige Reihenfolge, finden jeweils eine zusammenfassende Beschreibung und gestalten dann ein Franz-Leporello.

Der heilige Franziskus gibt vor dem
Bischof von Assisi seinem Vater die
Kleidung zurück.

Der heilige Franziskus bittet um Almosen.

Der heilige Franziskus verteilt seine
Habe unter die Armen.

Die Krippenfeier von Greccio.

Der heilige Franziskus bittet die Vögel
um Ruhe, damit er beten kann.

Der heilige Franziskus betet auf Reisen
das Stundengebet.

Die Versuchung des heiligen Franziskus
durch den Teufel.

Göttliches Licht geleitet die Brüder
auf ihrer Reise durch die Nacht.

Der Regenbogen, ein Zeichen des Bundes (Genesis 6 - 9)
(s. Noah-Taube; s.a. Friedenstaube als Klappkarte)

Das Fensterbild fängt nicht nur die wesentlichen Elemente der Noah-Geschichte ein, sondern wird auch transparent für eigene Friedenswünsche und eigene Verhaltensweisen, die zum Frieden für Menschen, Pflanzen und Tiere beitragen, Ängste abbauen oder Konflikte austragen helfen.

Materialien
- Kopiervorlage
- Tonpapier (blau, braun, rot, orange, gelb, grün, purpur, schwarz, beige)
- Schere
- Kleber
- kleines Kinderfoto
- Faden
- Zirkel

Bastelanleitung
Die Kinder schneiden einen blauen Kreis aus Tonpapier aus. Dieser hat einen äußeren Durchmesser von 25 cm, einen inneren Durchmesser von 17 cm.
Da die untere Kreishälfte Wasser darstellt, schneiden sie die Kinder wellenförmig aus. Mit dem Zirkel markieren sie nun die Regenbogenfarben in 0,5 cm Breite. Diese werden aus den jeweiligen Tonpapierstücken ausgeschnitten und aufgeklebt. Das Mittelstück, das feste Land, bildet die Verbindung zwischen Himmel und Erde.
Die Kinder schneiden Tiere und Pflanzen aus, verzieren und befestigen sie im Fensterbild. Die Arche, bestehend aus drei Teilstücken, wird auf den Berg gesetzt.
Der kleine Bastler, dem die göttliche Zusage ebenso gilt wie Noah, schaut aus einem Fenster der Arche heraus.

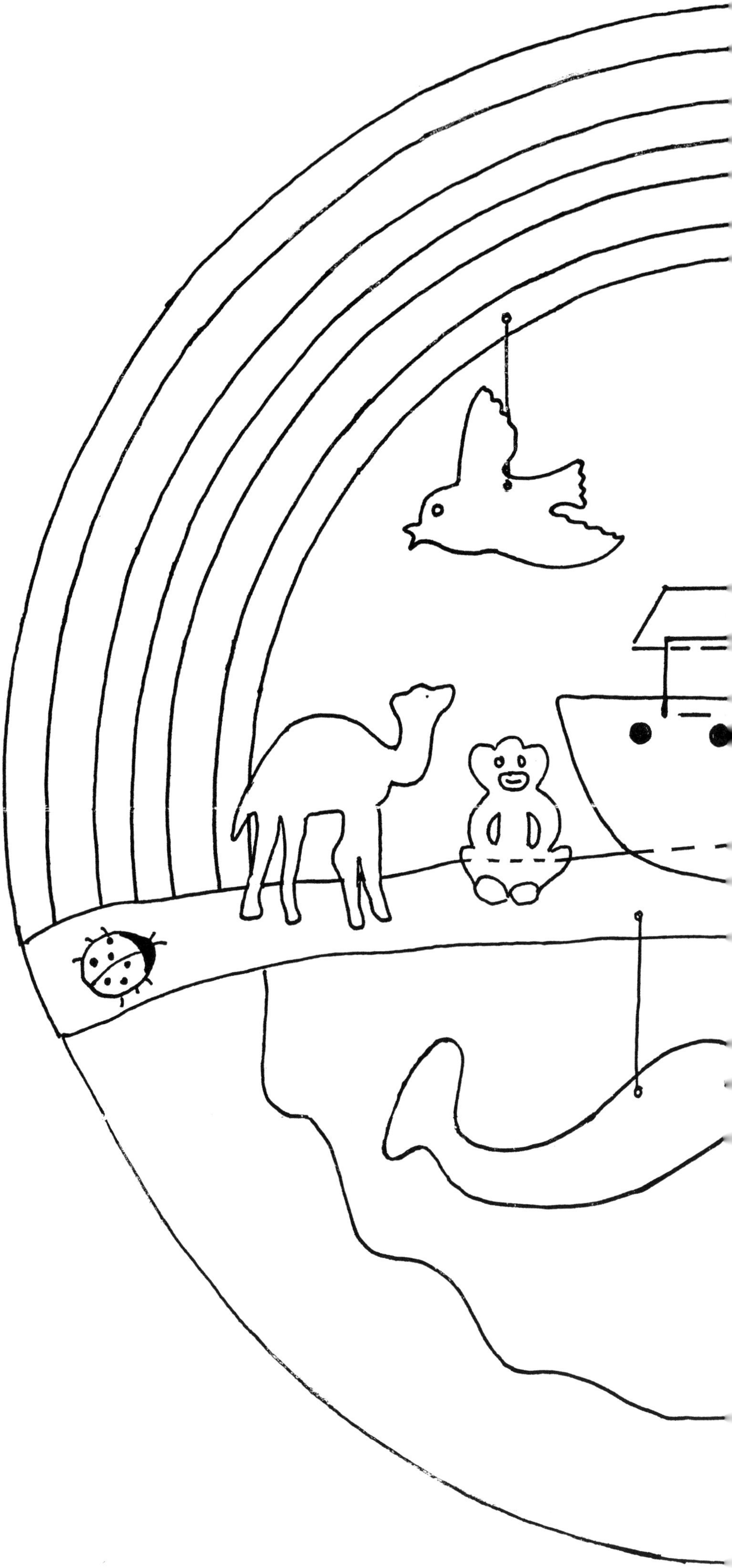

Friedenstaube (Noah)

Zwei Wege führen zur Friedenstaube: Die Kinder haben die Noah-Geschichte miterlebt und erkennen in ihrer Taube die Wende von der Zerstörung zum Aufbau, die Möglichkeit eines neuen Bundes zwischen Gott, Menschen und Tieren. Das Symbol dafür und das Bekenntnis dazu ist die Schalom-Taube.
Der andere Weg führt über das Mitleiden mit der Natur und den Tieren zur Ehrfurcht vor dem Leben: "Ich will leben inmitten von Leben, das leben will" (Albert Schweitzer). Symbol dafür und Bekenntnis dazu ist wiederum die selbst geschaffene Taube.

Intentionen
- Die Kinder erleben die Noah-Geschichte nach und hängen sich die selbst in Ton gestaltete Noahtaube um, um für Schalom zu demonstrieren.
Oder:
- Die Kinder ermessen, was Schalom für Menschen, Pflanzen und Tiere bedeutet und formen ehrfurchtsvoll ein Tier in Ton.

Materialien
- Ton
- Holzstäbchen/Strohhalm
- Förmchen
- Teigrolle

Bastelanleitung
Die Kinder formen eine kleine Tonkugel, rollen sie mit einer Teigrolle aus und stechen mit einer Plätzchenform die Friedenstaube aus. Vor dem Trocknen/Brennen drücken sie mit einem Holzstab/Strohhalm ein kleines Loch in den Vogelkörper. So kann die Taube später aufgehängt werden.
Augen und Flügel werden durch Einritzen angedeutet.

Mit der Gestaltung eines Hungertuches zum Thema "Wir üben Frieden" laufen wichtige Intentionen der Friedenserziehung in der Grundschule zusammen.

Außer der themenzentrierten Arbeit kommen in besonderer Weise die Vorzüge der Frei- bzw. Projektarbeit zum Ausdruck, wenn die Kinder im Rahmen ihres Wochenplanes auch außerhalb der Unterrichtszeit zusammenarbeiten.

Dabei können folgende Bilderbücher mitherangezogen werden:

- Rupprecht, Siegfried P./Wilkón, Józef, Der Streit um den Regenbogen, Nord-Süd-Verlag, Mönchaltorf und Hamburg 1989
- Bolliger, Max/Zavrel, Stepán, Die Kinderbrücke, bohem press, Zürich/ Recklinghausen/ Wien/Paris 1987
- Recknagel, Friedrich/Baránková, Vlasa, Die Botschaft, bohem press, Zürich/Recklinghausen/Wien/Paris 1987
- Schindler, Regine/Bolliger-Savelli, Antonella, Zwei Ritter schließen Frieden, Kaufmann, Lahr 1987
- Lobel, Anita, Kartoffeln hier, Kartoffeln da, Sauerländer, Aarau/Frankfurt/M./Salzburg [4]1983
- Pausewang, Gudrun, Guten Tag, lieber Feind!, Middelhauve, Köln 1987
- Ruprecht, Franz, Jakobs Traum, Thienemann, Stuttgart 1984

Hungertücher eignen sich auch für Ausstellungen, fachübergreifendes Arbeiten und zur Elternarbeit.

Die Selbsttätigkeit wird besonders günstig beeinflußt, wenn die Kinder nicht in einem Zuge, sondern kontinuierlich über längere Strecken ihr Hungertuch weiter ausgestalten.

Intentionen

- Die Kinder drücken ihre Zukunftsängste in Bildern/Collage auf dem Hungertuch aus.
- Sie stellen Unfrieden und Gewalt und Ursachen, die zu Streit und Krieg führen, dar.
- Sie malen den Frieden aus.
- Sie gestalten und deuten ihr Hungertuch als Entfaltung der Noahgeschichte.
- Sie zeichnen in das Hungertuch Beispiele ein, an denen sie ablesen können, wie Gewalt und Unfrieden überwunden werden können.
- Sie stellen eigene Verhaltensweisen dar, die zum Frieden beitragen (Angst abbauen, Streit austragen, Gewalt überwinden, Ungerechtigkeit bekämpfen, Grenzen beseitigen).
- Sie räumen Franz von Assisi Raum ein auf ihrem Hungertuch, der auf Aufgaben hinweist, um deren Lösungen wir uns heute bemühen müssen (Frieden mit Gott; Frieden mit allen Geschöpfen; Abschaffung des Krieges; Bekämpfung des Aussatzes und anderer Krankheiten).

Materialien

- ein großes Bettlaken (mit Textilfarbe eingefärbt)
- braunes und grünes Tonpapier
- Stoffarbe
- Collage-Material aus Zeitschriften
- Schere

Bastelanleitung

Die Kinder haben gemeinsam friedensstiftendes und -zerstörendes Verhalten erarbeitet. Positive Ansätze schreiben sie auf grüne, ausgeschnittene Tonpapierblätter und befestigen diese am Friedensbaum, den mittlerweile eine Kindergruppe mit Stoffarbe auf das Laken vorgezeichnet hat. Negatives Verhalten wird auf braune Tonpapierblätter notiert; diese fallen vom Friedensbaum ab und vermodern am Fuße des Baumes.

Dort hängen die Kinder auch ihre Collage zum Thema "Unfrieden" auf.

Im Verlauf der Arbeit stellen Schülergruppen Bilderbücher zum Thema "Frieden üben" vor. Als Merkhilfe haben sie jeweils eine typische Szene ihres Buches gezeichnet. Dieses ziert den Friedensbereich des Hungertuchs.

Da die Gruppe Frieden üben will, kann ein Gruppenbild in den Friedensbaum eingefügt werden.

Im Laufe des Schuljahres wird das Hungertuch durch "Friedensstifter" ergänzt. Neben Jesus werden die Kinder Zeichnungen und Fotos von Mutter Teresa, Franz von Assisi, Martin Luther King... an dem Hungertuch festmachen.

"Weltfrieden durch Religionsfrieden" forderte das Parlament der Weltreligionen in seiner Erklärung zum Weltethos vom 04.09.93. Mit der Friedenserziehung in der Grundschule wird dazu der Grundstein gelegt. Eine Vision davon zeigt das Glasbild von R. Bleninger in der Orthodoxen Akademie von Kreta. Menschen dreier Religionen drehen sich zusammengefesselt den Rücken zu. Der göttliche Regenbogen wird sie vereinen, wenn sie sich aus höllischer Abwendung befreien und von Angesicht zu Angesicht begegnen.

Aus der gemeinsamen Wurzel erheben sich die Anhänger der drei Weltreligionen (☾ Islam - ✝ Christentum - ✡ Judentum). Ihr anfängliches Auseinanderstreben wird im Glauben an den einen Gott im Regenbogen aufgefangen.

Intentionen

Wenn die Kinder die christlichen Kirchen, die Synagoge und/oder die Moschee kennengelernt (und evtl. gebastelt) haben, liegt ein visionärer Ausblick auf eine gemeinsame Zukunft der monotheistischen Religionen nahe. Ein Element eines gemeinsamen Heiligtums ist ein Fensterbild, das in einem bunten Schalombogen die monotheistischen Religionen einfaßt:

- Die Kinder drücken ihr Verständnis für die jüdisch-christlich-moslemische Glaubenswelt in einem Fensterbild aus, das die drei monotheistischen Religionen einfaßt.
- Sie entwickeln beim Basteln Ideen für eine bunte, aber gemeinsame zukünftige Glaubenswelt und Ethik dieser Religionen (Weltfrieden und Menschenrechte).

Materialien

- Kopiervorlage
- Schreibmaschinenpapier DIN A 4/Holzfarbstifte
- Öl/Pinsel
- dunkler Fotokarton

oder:

- Folie/Folienstifte

Bastelanleitung:

Die Kinder malen die Papierkopie mit Holzfarbstiften aus. Sie bestreichen anschließend das Blatt mit Öl. Das fertige Bild lassen sie zwischen Küchenkrepp trocknen. Ein Rahmen aus dunklem Fotokarton gibt dem Fensterbild Halt.

alternativ:

Die Kinder gestalten mit Folienstiften das eingebrannte Motiv auf der Folie aus und rahmen es ebenfalls mit Fotokarton.

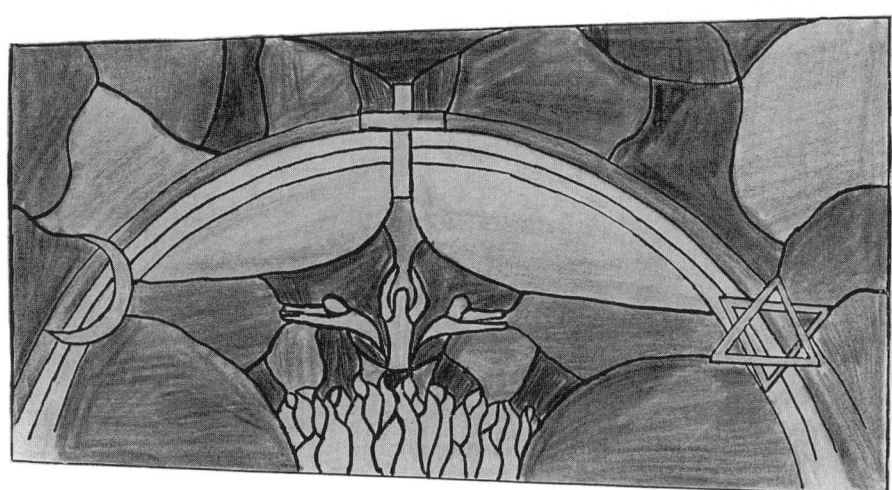

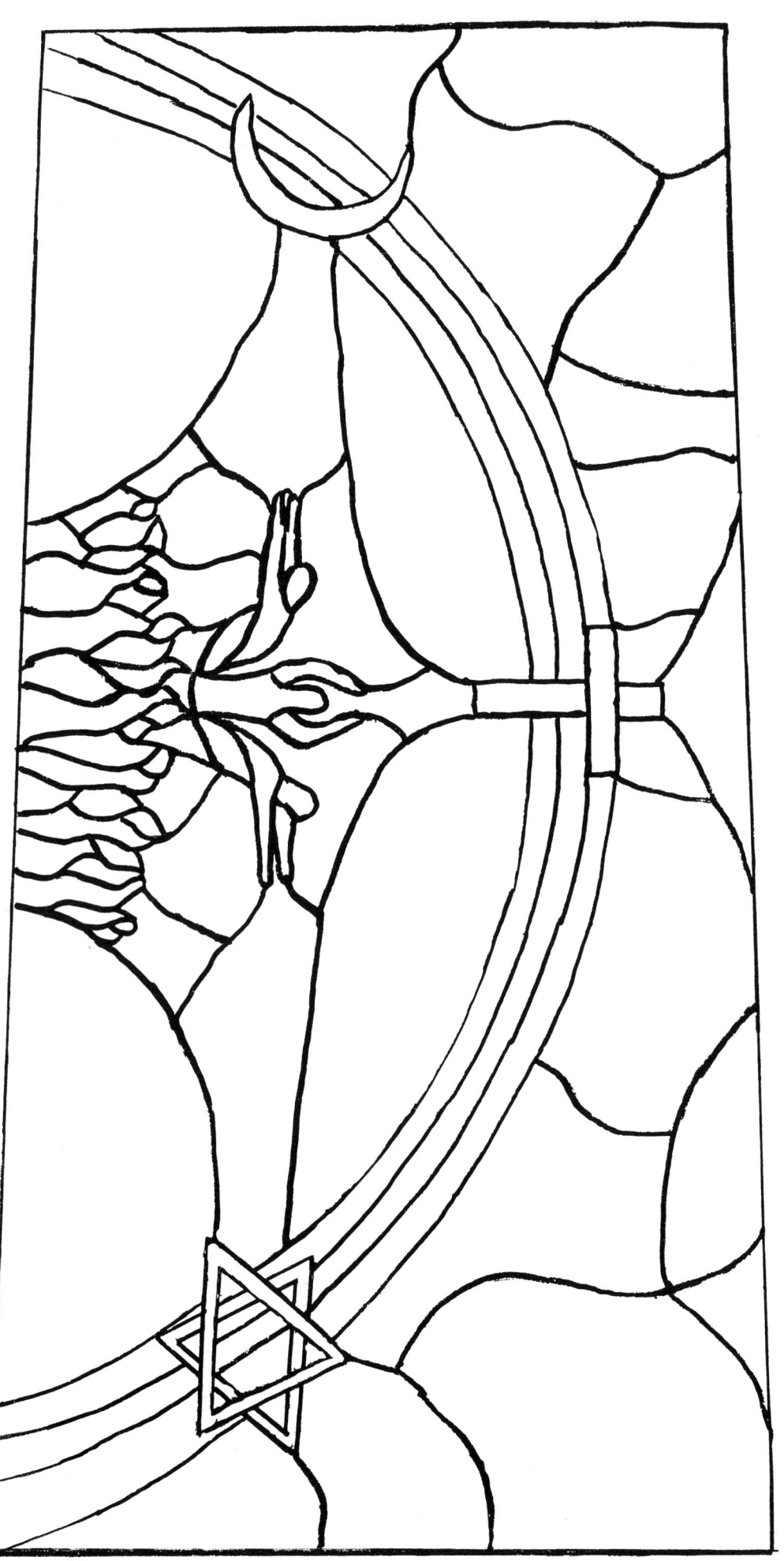